乡村振兴 人才赋能

德州市高素质农民先锋人物风采录

王荣山　李文文　主编
刘爱月　何　柳

中国农业科学技术出版社

图书在版编目（CIP）数据

乡村振兴·人才赋能：德州市高素质农民先锋人物风采录 / 王荣山等主编. -- 北京：中国农业科学技术出版社，2024.7. -- ISBN 978-7-5116-6910-0

Ⅰ．K828.1

中国国家版本馆CIP数据核字第2024XX1677号

责任编辑　李　华
责任校对　李向荣
责任印制　姜义伟　王思文

出 版 者　中国农业科学技术出版社
　　　　　　北京市中关村南大街12号　　邮编：100081
电　　话　（010）82109708（编辑室）　（010）82106624（发行部）
　　　　　　（010）82109709（读者服务部）
网　　址　https://castp.caas.cn
经 销 者　各地新华书店
印 刷 者　北京建宏印刷有限公司
开　　本　170 mm×240 mm　1/16
印　　张　14.5
字　　数　243千字
版　　次　2024年7月第1版　2024年7月第1次印刷
定　　价　98.00元

———— 版权所有·侵权必究 ————

乡村振兴·人才赋能
——德州市高素质农民先锋人物风采录
编委会

主　　　任：孙丰勇
执 行 主 任：耿建强　韩立军
副　主　任：刘建军　程培峰　王　莉　马　峰　李振刚
　　　　　　周　强　李之敏　邵朱军　董　锋　赵　峰
　　　　　　王风广　苏景田　齐建璋　杨玉红
编　　　委：朱　杰　刘世明　郝荣军　贾胜军　张培强
　　　　　　刘　强　张朝辉　王守军　王淑红　张秀芝
　　　　　　王其刚　王立平　李洪香　陈　佳

编写人员

主　　　编：王荣山　李文文　刘爱月　何　柳
副 主 编：张　娟　李林丽　张三江　于　哲　孙　艳
　　　　　　张宇飞　祝清光　陈英丽　崔心燕　孙　哲
　　　　　　马文凤　范艳菊　赵　波　李　磊　王之君
　　　　　　李　锐　张瑞波　赵玉玲
编写人员：（按姓氏笔画排序）
　　　　　　于　磊　王　超　王春阳　方文霞　邓学斌
　　　　　　左玉兰　刘东升　刘金伟　齐国程　祁　鑫
　　　　　　孙桂英　孙登昌　李　娜　李　敏　李洪梅
　　　　　　张　强　张成龙　张荣超　陈　超　岳永华
　　　　　　孟　燕　胡宾宾　倪明月　徐文客　郭　敏

前　言

　　打造乡村振兴齐鲁样板，是习近平总书记交给山东省的重大政治任务。德州市各级农业农村部门牢记总书记嘱托，不断深化认识、强化措施、勇探新路，乡村振兴工作取得明显成效，乡村产业蓬勃发展，人居环境深刻重塑，群众收入持续增加，城乡融合深入推进，精神面貌显著改善，治理效能有效提升，一幅农业强、农村美、农民富的乡村振兴时代画卷正在徐徐展开。

　　乡村振兴，关键在人。坚定不移培养一支高素质农民队伍是实施乡村振兴战略的必然要求。2013年以来，德州市通过高素质农民培育工作的不断持续推进，为德州市农业农村培育了一大批种养大户、致富能手、创业标兵、乡土专家等各类高素质农民，为打造乡村振兴齐鲁样板提供了坚强的人才支撑。为树立高素质农民榜样，宣传高素质农民典型，德州市农业农村局遴选了部分高素质农民典型代表，编成《乡村振兴·人才赋能——德州市高素质农民先锋人物风采录》。希望此书的出版能为社会各界了解和支持高素质农民培育工作，为更多的农民通过规范培育成为高素质农民提供借鉴。通过高素质农民培育工作的不断深入开展，努力打造产业特色突出、人才支撑有力、乡风文明和谐、生态环境优美、组织功能完善的宜居宜业和美乡村。

因编者水平所限，编写时间仓促，书中难免有纰漏之处，恳请广大读者批评指正。

编　者

2024年5月

目　　录

【种植带动篇】

共谋致富　成效显著
　　——记齐河县高素质农民袁本刚…………003

做一个有情怀的高素质农民
　　——记临邑县高素质农民魏德东…………005

人才赋能土地　科技争创粮王
　　——记临邑县高素质农民段希林…………007

紧跟时代发展潮流　带领乡亲共同致富
　　——记德城区高素质农民史庆法…………009

筑梦中国　大豆振兴我先行
　　——记禹城市高素质农民刘厚鑫…………011

懂农业爱农村的时代新农人
　　——记平原县高素质农民董光军…………013

"盐碱窝"里放飞梦想
　　——记夏津县高素质农民高志军…………015

返乡创业带头人
　　——记宁津县高素质农民赵德高…………017

热爱汇聚信仰　葡萄树下致富
　　——记禹城市高素质农民吴德宝…………019

一名耕夫的田间坚守
　　——记齐河县高素质农民赵德龙…………021

海阔凭鱼跃　天高任鸟飞
　　——记禹城市高素质农民信维财…………024

乡村振兴·人才赋能
德州市高素质农民先锋人物风采录

科技发展引领　壮大农业产业
　　——记平原县高素质农民姜清才………… 026

合作经营　规模发展
　　——记武城县高素质农民李冬………… 028

发挥优势　示范引领
　　——记禹城市高素质农民刘振亮………… 030

规范运营　共同富裕
　　——记夏津县高素质农民刘清伦………… 032

身残志坚向阳而生　奋力谱写农业华章
　　——记禹城市高素质农民齐长杰………… 034

立足岗位勤耕耘　为民服务葆本色
　　——记庆云县高素质农民侯广云………… 036

推广良种促增收　引领农业谋发展
　　——记临邑县高素质农民崔长军………… 038

把握机遇　突破自我
　　——记临邑县高素质农民郭雨………… 040

初心如磐　奋楫笃行
　　——记庆云县高素质农民王荣军………… 042

创新发展模式　推动传统产业
　　——记夏津县高素质农民雷军………… 044

金土地孕育出"助农专家"
　　——记庆云县高素质农民于书森………… 046

敢闯敢干　与时俱进
　　——记平原县高素质农民张正勇………… 048

肯实干创新篇　为农服务尽心田
　　——记宁津县高素质农民贾风照………… 050

为国家粮食安全保驾护航
　　——记庆云县高素质农民石青阵………… 052

目 录

引领乡亲致富　赋能乡村振兴
　　——记平原县高素质农民宋长征……………054
做高素质农民　当致富带头人
　　——记乐陵市高素质农民冯秀华……………056
致富路上多面手
　　——记临邑县高素质农民刘公玉……………058
赤诚诠释初心　实干践行使命
　　——记庆云县高素质农民周庆曾……………060
乡村振兴志不移　创业致富树样板
　　——记夏津县高素质农民李家兵……………062
精细管理　争创新高
　　——记宁津县高素质农民任廷勇……………064
小蜜薯　大产业
　　——记夏津县高素质农民赵华锐……………066
初心不改　桃李满园
　　——记武城县高素质农民郭东清……………068

【党建引领篇】

村民心中的贴心人
　　——记德城区高素质农民周英亮……………073
干事创业先锋军　致富路上带头人
　　——记天衢新区高素质农民马峰………………075
守护自然资源　无愧初心使命
　　——记临邑县高素质农民范忠星……………077
心系百姓践初心　强村富民担使命
　　——记平原县高素质农民王笃春……………079
走出一条产业发展致富路
　　——记陵城区高素质农民金德旺……………081

乡村振兴·人才赋能——德州市高素质农民先锋人物风采录

全心全意干农业　一心一意为农民
　　——记宁津县高素质农民张文怀……083

独辟蹊径兴产业　呕心沥血惠乡亲
　　——记禹城市高素质农民李玉凯……085

人才赋能引领强　乡村振兴共发展
　　——记庆云县高素质农民郝战峰……088

乡村振兴领头雁　服务群众贴心人
　　——记平原县高素质农民刘志强……090

强化托管服务　助力乡村振兴
　　——记宁津县高素质农民王华川……092

乡村振兴　产业先行
　　——记武城县高素质农民李福祥……094

乡村振兴　后邓先行
　　——记庆云县高素质农民邓长顺……096

中流击水爱一乡　奋楫前行领一方
　　——记庆云县高素质农民李玉华……098

担当有为　勇做带头人
　　——记宁津县高素质农民陈绪勇……100

服务为民　服务为农
　　——记宁津县高素质农民陈健……102

"打工仔"变"新农人"
　　——记禹城市高素质农民杨富勇……104

担当作为　智慧引领
　　——记庆云县高素质农民刘绍安……106

甘当百姓的"老黄牛"
　　——记庆云县高素质农民丁国明……108

甘当服务者　勇做带头人
　　——记平原县高素质农民赵仲利……110

目录

勇于创一流　争做排头兵
　　——记平原县高素质农民赵立国……… 112
勇立潮头　方显担当
　　——记陵城区高素质农民姜洪涛……… 114
麦浪里的致富带头人
　　——记乐陵市高素质农民李文和……… 116
心系父老　一心富民
　　——记陵城区高素质农民黄云州……… 118
务实担当的新农村带头人
　　——记宁津县高素质农民李俊岗……… 120
为民多奉献　为党添光彩
　　——记禹城市高素质农民程培军……… 122
当好带头人　走好富裕路
　　——记宁津县高素质农民刘立森……… 124
诚实守信践初心
　　——记临邑县高素质农民张光青……… 126
殚精竭力　振兴乡村
　　——记临邑县高素质农民魏设堂……… 128
头雁领航风帆劲　为民服务谋振兴
　　——记乐陵市高素质农民石海岗……… 130
办好合作社　筑好富民路
　　——记乐陵市高素质农民郭仁强……… 132
实施党建引领　推进乡村振兴
　　——记夏津县高素质农民李祥诗……… 134

【巾帼奉献篇】

从"种地小白"逆袭到"夏津粮王"
　　——记夏津县高素质农民程爱红……… 139

用好"新媒体"　争做巾帼"领头雁"
　　——记陵城区高素质农民于海霞……………… 141
农家女矢志做农业　巧借力编出富裕路
　　——记禹城市高素质农民吴多霞……………… 143
忆往昔筚路蓝缕　看今朝春华秋实
　　——记禹城市高素质农民陈桂芳……………… 145
巾帼不让须眉　农业战线女强人
　　——记齐河县高素质农民郭云………………… 147
完善服务链条　打造设施蔬菜全程服务商
　　——记陵城区高素质农民陈亚珍……………… 149
让青春绽放在希望的田野上
　　——记乐陵市高素质农民李宝寒……………… 151
用柔弱的肩膀撑起事业的航帆
　　——记禹城市高素质农民韩在燕……………… 153
巾帼农民绘乡村振兴画卷
　　——记乐陵市高素质农民杨书兰……………… 155
返乡创业种粮　田野播种梦想
　　——记夏津县高素质农民孙爱鹏……………… 157
笃学践行　实现价值
　　——记德城区高素质农民杜秀莲……………… 159

【综合服务篇】

返乡创业标兵　带动致富之星
　　——记齐河县高素质农民甄利军……………… 163
现代农业创新创业的践行者
　　——记陵城区高素质农民郭新海……………… 165
发展农业社会化服务体系
　　——记武城县高素质农民牛文忠……………… 168

农技推广传帮带　师傅教徒育英才
　　——记禹城市高素质农民王小明·················· 170
百尺竿头　更进一步
　　——记陵城区高素质农民王文昌·················· 173
做好粮食商行　助力乡村振兴
　　——记武城县高素质农民耿兆江·················· 175
小小的香椿创造大大的产业
　　——记宁津县高素质农民刘敏···················· 177
做新时代农产品加工的先行者
　　——记德城区高素质农民郑金鲁·················· 179
从地道农民到椹果加工领跑者
　　——记夏津县高素质农民刘传峰·················· 181
返乡青年领航"新农业"
　　——记陵城区高素质农民杨海亮·················· 184
致富带头增收入　勇做农业急先锋
　　——记宁津县高素质农民鲍明晶·················· 186
一位80后"海归"的农业梦
　　——记平原县高素质农民栗超···················· 188
专注生态农业　提升三链服务
　　——记陵城区高素质农民李清浩·················· 190
现代农业的创新人
　　——记乐陵市高素质农民刘东卿·················· 192
返乡创业　产业振兴
　　——记德城区高素质农民张奇勋·················· 194
志在乡村　扬青春风采
　　——记临邑县高素质农民王乙刚·················· 196
百年传承"致富粉"
　　——记禹城市高素质农民张先永·················· 199

始于品质　用心耕耘
　　——记陵城区高素质农民冯忠军……………201

心系群众　共同发展
　　——记宁津县高素质农民高金成……………203

种粮养猪两不误　循环种养促增收
　　——记夏津县高素质农民陈福诚……………205

一颗"豆"的改变
　　——记宁津县高素质农民银永亮……………207

依托发明创造　发展现代农业
　　——记平原县高素质农民霍学中……………209

敢闯敢试开新局　携手同奔富裕路
　　——记禹城市高素质农民王建波……………211

农业鲁班　粮王达人
　　——记陵城区高素质农民王建成……………213

回乡创业　助力发展畜牧养殖
　　——记陵城区高素质农民李怀国……………215

01
乡村振兴·人才赋能

种植带动篇

共谋致富　成效显著

——记齐河县高素质农民袁本刚

袁本刚，男，齐河县金穗粮食种植专业合作社理事长，山东省第十二次党代会代表，德州市第十六次党代会代表。2019年被评为"德州市乡村之星"、山东省"农民工之星"，2020年被评为"齐鲁乡村之星"，2021年被评为"山东省优秀共产党员""全国粮食生产先进个人"，2022年被评为"全国百优保供先锋"，2023年被授予"德州市劳动模范""全国农业农村劳动模范"称号。

合作社成立后，按照农户自愿、平等、互利的原则，实现了合作经营，改变了一家一户生产规模小、经营粗放、经济效益低的状况，实行统一管理、统购统销、订单生产。合作社投资1 660万元，修建社员培训室、农机农资仓库、粮食仓库及办公场所共4 250立方米，配备耕种设备239台（套）。经过12年的发展，现已发展社员3 656户，入社土地60 000亩[①]。

2022年，合作社与70个村、1万户家庭签订了8万亩土地托管服务协议。开展小麦良种繁育3万亩、酿酒高粱订单种植5 000亩、优质小麦订单3万亩，发展特色黑小麦种植和加工包装，有效促进了种植结构调整、延伸了产业链、提升了综合效益。年植保服务面积80万亩次，秸秆还田土地深耕

---

① 1亩≈667平方米，1公顷=15亩，全书同。

15万亩，从种到收全程社会化服务面积10万亩。在山东农业大学、齐河县农业农村局的帮助下举办多期新技术、新技能、创业创新培训班，年培训农民3 000人次，还通过开展全程社会化服务，带动农民工就业1 200人。

在服务成效上，实现了"三减两增一满意一帮扶"。"三减"：即减少了农资投入成本、种植管理成本和环境成本（每亩减少成本约220元）；"两增"：即增加亩均单产效益260元和农机手收入（每年增加约20 000元）；"一满意"：即入社社员玉米、小麦两季比普通农户多收入400元左右，得到了农户的认可和满意。"一帮扶"：即帮助有劳动能力的贫困户解决就业岗位，帮助没有劳动能力的贫困户免费提供种植管理服务，所帮扶的128户贫困户全部脱贫。

2020年春节，袁本刚组织合作社骨干成立了疫情防控服务队，对全镇义务进行全方位消毒防疫，出动植保无人机12台，轮式自走植保机26台，12天完成84个村庄消毒液全覆盖喷洒任务，无偿投入防疫服务费用28万元，并积极向政府慈善总会、各村志愿者站岗值班人员捐款、捐物等费用58 000余元，其事迹由农业农村部农村合作经济指导司在《农民合作社在行动》上予以刊发。

2019年9月，全国农业社会化服务工作现场推进会在齐河县召开，齐河县金穗粮食种植专业合作社作为会议观摩点之一，袁本刚向农业农村部领导和全国31个省（市、区）农业农村厅领导展示了工作亮点。2020年3月20日，农业农村部部长韩长赋专门与袁本刚进行视频连线，肯定了合作社近年来的工作成绩，这就更加坚定了他服务"三农"、助力乡村振兴的决心和信心。2023年3月，袁本刚参加了农业农村部召开的大豆玉米带状复合种植示范推广座谈会，他向大会汇报了典型做法和合作社发展情况，得到了与会领导、专家的认可和肯定。2023年12月，受全国人大法工委邀请，袁本刚参加了粮食安全保障法草案通过前的评估实施效果等问题的座谈交流会议，提出的问题和意见得到了重视与认可。

下一步，袁本刚将以小散农户为服务对象，进一步提升精准化、标准化服务水平，为农户持续增收致富做出积极贡献，助力乡村振兴。

做一个有情怀的高素质农民

——记临邑县高素质农民魏德东

魏德东，男，汉族，1968年2月出生，中共党员，高级农艺师。从2008年开始流转土地，当年3月注册成立临邑县富民小麦种植专业合作社，合作社被评为全国首批"农民专业合作社国家级示范社"，省级标准化农产品生产基地。其本人2011年荣获"山东粮王"称号，2015年获得"CCTV2014年度三农人物"，2015年被授予"全国劳动模范"荣誉称号，2017年被评为"齐鲁乡村之星"，2022年被评为"全国十佳农民""山东省乡村产业振兴带头人"，第十三届、十四届全国人大代表。

魏德东创办的合作社立足于为社员服务，在每年"三夏""三秋"生产期间，对合作社机械实行统一调度，挂牌服务，做到"四统一"，即统一管理、统一调度、统一价格、统一标准，有效地解决了单家独户作业信息不灵、货源不足的问题，提高了机具利用率和机械作业效益，机械化作业率达到99%。在此基础上，合作社以优质商品粮基地创建和现代农业生产发展为契机，积极参加省、市、县的农业技术和农业机械培训，带头推广应用新品种、新技术、新机具，并按照农时定期为社员提供农业技术培训、虫情测报、测土配方、农机维修等技术服务。他还利用农民田间学校、农民夜校和"空中"学校等平台，请专家对种植户和机手定期进行培训，每年组织培训40余次，参加培训的社员5 000余人次，从而使广大社员掌握了种植和机械操作技术，提高了社员的生产技能和经营管理水平。

合作社实行"六统一"，即统一供种、统一测土配方施肥、统一病虫害防治、统一技术培训、统一机械耕作、统一销售农产品，在合作社与社员之间形成了风险共担，利益共享的新型合作关系，为当地的农业发展和农民增收起到了实实在在的示范带动作用。现发展社员700多户，带动王河头、宫家、北小刘等良种繁育专业村6个，良种繁育面积达8 000余亩。魏德东还将流转土地后闲置在家的部分人员组织起来，成立农业服务队，既保证了合作社所需的劳动力，又解决了周边农户季节性用工缺乏的问题，深得广大群众的信任和支持。

2016年，在魏德东的倡议下，德州市成立家庭农场科技联盟，由他担任第一届理事长，22名种粮大户联合起来抱团闯市场。他说："作为扎根农业生产一线的党员，一定要把准农业发展的方向，坚定不移地跟着党的政策走，带动农民共同致富，引导种粮大户把地种好。"为指导全县种粮大户调整生产经营策略，2016年5月魏德东又牵头注册成立临邑县粮食种植协会，严格遵守"民办、民管、民受益"的原则，充分利用本地区的资源优势，积极为会员签订包销合同，实行订单农业，聘请技术人员全程进行技术指导，推广高产、优质种植技术，严格按订单生产，实行专业化管理，为会员提供销售、技术及团购供应等服务，引导会员进行标准化生产，带动全县种粮大户更好更快地发展。

在自己种好地的前提下，魏德东以德州市"吨半粮"创建为契机，以山东省乡村振兴专家服务基地为技术依托，成立德州富益民农业服务有限公司，致力于打造粮食生产全产业链综合服务平台，为广大农户提供产前、产中、产后服务，大力推进小农户与现代农业的有机衔接，使种粮更轻松，为"未来谁来种地"和"怎样种好地"摸索可行之路。目前土地全托管面积8 000多亩，单环节托管面积5万多亩，真正实现让专业的人做专业的事，最终实现农业节本增效，农民增收致富，真正让种地成为一种体面的职业。

魏德东充分认识到当下国家粮食安全的重要性，2023年又积极报名参加了山东省乡村产业振兴带头人培育"头雁"项目培训，进一步提升了对于高素质农民这一角色的认知，决心在今后发展过程中，充分发挥自身优势和辐射带动作用，搭建粮食生产全产业链综合服务平台，为德州市"吨半粮"生产能力建设助力，为国家粮食安全贡献力量。

人才赋能土地　科技争创粮王

——记临邑县高素质农民段希林

段希林，临邑县翟家镇翟家村村民，临邑县秋华土地托管专业合作社理事长。1992年开始返乡种地，2011年开始规模化种植，目前承包耕地650亩，社会化服务土地2.2万亩。2022年，段希林种植的小麦实测亩产839.2千克，玉米实测亩产1 031.2千克，刷新德州市小麦单产纪录，获得德州市"总粮王"。2023年，小麦实测亩产804.58千克，玉米实测亩产1 163.92千克，再次刷新德州市玉米高产纪录，再次卫冕德州市"总粮王"。

一、粮食高产靠的是好政策

段希林的粮食高产得益于德州市高标准农田建设和"吨半粮"示范区建设，翟家镇新修节水灌溉泵房8座、节水管道60余千米、新修道路23千米，并且疏通镇域内"八横三纵"11条沟渠32千米，实现了"田成方、林成网、渠相通、路相连、旱能浇、涝能排"，为粮食高产创造了必要条件。

二、粮食高产靠的是精选良种

良种是粮食高产的"芯片"，段希林与山东农业大学、山东省农业科学院、德州市农业农村局等"农字号"专家团队建立了合作关系，通过多年的种植经验和专家指导，选取了不仅能够适应本土自然环境，而且有较强的抗

倒伏、抗病虫草害能力的德麦008麦种和登海1996玉米种。通过"二次选种",选取粒大饱满、质地均匀的种子种植。

三、粮食高产靠的是培育沃土

耕地是否富饶,看的是土壤的有机质含量、土地的平整度。近几年,在德州市、临邑县农业专家的指导下,段希林在核心区的土地上实施麦田灭茬及秸秆精细还田技术,增加耕地有机质和速效养分。实施测土配方,2022年10月,每亩土地追加40千克有机肥,利用本地畜禽养殖优势,每亩增施农家肥4立方米,土地有机质可达2%左右。实施深翻技术,增深土地耕作层,提高土壤透水、透气性,提高养分效率,增加作物抗倒伏能力。实施播种前镇压,提高土地平整率,达到"压实保墒"的效果。

四、粮食高产靠的是农业科技

"吨半粮"生产能力建设以来,段希林邀请山东农业大学、德州市农业农村局、德州市农业科学研究院的专家先后15次深入田间地头进行实地指导,开展4次粮食高产线上培训,带来了最新的农业科技。农业专家结合翟家镇地理、气候等条件,提出"小麦适时晚播玉米晚收"。此方法可以防止小麦冬前疯长形成先旺后弱的"老弱苗",还可以延长玉米生长期,让玉米充分灌浆,提高产量。粮食高产的三要素是亩穗数、穗粒数、千粒重,实施合理密植,2023年小麦有效穗在65万穗/亩,玉米在6 500株/亩,与之前相比,每亩增加50%基本苗。结合"六统一"技术,落实一喷多防等,方法科学,管理到位,产量自然就增加了。

党的好政策、专家的好技术保障了粮食的高产,现在一亩地能产1 550多千克粮食,一年能挣1 700余元,激发了农民种粮的积极性。作为一名"老把式",一名合作社的理事长,当"粮王"不是目的,保护好土地,种好粮食,努力多打粮食,带动周边百姓增加收入是应尽的职责。段希林掌握的高产技术不断进行推广,让周围更多农户掌握高产秘诀,周边的农户都亲切地称段希林为"老段老师"。

紧跟时代发展潮流　带领乡亲共同致富

——记德城区高素质农民史庆法

史庆法，德城区黄河涯镇大史庄村人。他先后成立了山东鑫昂农业科技有限公司、德州市德城区鑫昂果蔬种植农民专业合作社、德州市德城区吃不够种植农民专业合作联合社、德州市南郊果蔬批发市场等。在家门口打造集农业技术示范推广、蔬菜种苗繁育、蔬菜生产、物流配送及休闲观光于一体的高标准农业示范基地，带领父老乡亲共同致富。

为了更好地品牌化经营，史庆法投资近千万元，围绕农业产业化、产业特色化、特色规模化的发展方向，实行"五位一体"经营模式（"公司+基地+合作社+农户+市场"）；实行"七统一"生产模式（统一品种、统一种苗、统一栽培技术、统一施肥、统一品牌包装、统一生产、统一销售），有效提高有机农产品的品质和数量，提高了种植效益，带动了当地农民增收。

他种植的鑫昂"吃不够"西瓜、蜜梨、茄子被列入德州市名优农产品名录。"吃不够"西瓜按照有机、绿色种植技术，肥料全部是有机肥和生物肥，严格控制生产过程中的温度、湿度、光照、水分、土壤等环境因素，采用一个瓜秧3个蔓技术，新西兰奶粉发酵72小时灌溉技术，荣获德州市首届西瓜瓜王大赛"瓜王奖"。"大红袍"茄子通过国家行业无公害检测和有机认证，辐射带动全区及周边1万亩蔬菜生产的发展。成功实现了西瓜与茄子、甘蓝与茄子的高效套种模式，每亩产西瓜4 000千克以上，茄子10 000千克以上，并且全光照大棚一年实现西瓜两种两收，截至2023年8月，社员突破千户以上。

为实施科技创新富农增收，促进物流转型，史庆法积极推动农业追溯二维码技术，实现合作社生产追溯管理和果蔬质量安全监控。真正实现农产品源头可追溯，流向可跟踪、信息可查询、责任可追究，切实保障公众消费安全，提高果蔬品质和市场竞争力。同时，他积极引导合作社农民实施标准周

乡村振兴 人才赋能
——德州市高素质农民先锋人物风采录

转筐一贯化运输，茄子、黄瓜等蔬菜从摘下来到超市上柜，实现一筐到底，减少3次倒筐，减少40%人工，采摘损耗降低2%，运输成本降低3%，装卸效率提升50%。山东鑫昂农业科技有限公司成为山东省标准托盘（周转箱）循环共用联盟会员，实现"农联网"与全国市场有机对接，形成农产品远销能力。鑫昂农产品市场果蔬交易额逐步增长，正在成为鲁西北、冀东南地区规模较大的生产和销售基地，带动周边村庄和千户社员，年增效益千万元以上。

为了带动农民增收，史庆法积极帮扶社员及周边乡村致富，聘请专家、引进先进栽培技术，对入社瓜农、菜农免费进行技术指导。他将附近的残疾人、困难家庭成员和回乡农民工吸收到公司，免费培训提高他们的劳动技能，迄今共吸纳40多人，每人每月工资在1 500元以上。同时他还为合作社社员提供统一种苗和肥料，价格比市场价优惠20%，与建棚资金不足的合作社成员签订协议，帮助其建棚，带动周边社员种植无公害茄子6 000多亩，吸纳果蔬种植户300余户。

作为一名高素质农民，史庆法为农业基地发展付出了辛勤的汗水，也获得了社会各界的广泛认可。"吃不够"西瓜荣获国家有机食品证书，鑫昂茄子荣获山东省首批无公害农产品，德州市德城区吃不够种植农民专业合作联合社荣获"农业专业合作社省级示范社"，山东鑫昂农业科技有限公司荣获德州市"农业产业化市级重点龙头企业"，德州市南郊果蔬批发市场被认定为农业农村部定点市场。他表示，将带领团队，继续创新农业市场发展模式，加大投资，有效联合，有组织有模式，带动黄河涯镇经济发展。打造实现"一村一品、一社一品"，加快农业产业调整升级，提高农业社会综合效益，为全市及全省的京津冀菜篮子工程做出自己最大贡献，为推进乡村振兴贡献自己的一份力量。

筑梦中国　大豆振兴我先行

——记禹城市高素质农民刘厚鑫

他是在希望的田野上默默耕作的一名普通农民，又是一位不断进取、不断创新的乡村振兴工作者，还是一个用全部身心致力于国产大豆种植与复合种植高标准基地的铸造者。他就是禹城市房寺镇重点农业高标准种植基地——乡邦种植专业合作社理事长刘厚鑫。

刘厚鑫自2016年流转土地以来，踏实勤勉、全心投入、不懈追求，取得了突出的成绩。他本人荣获禹城市"十佳新型职业农民"、禹城市"乡村科技之星"称号。合作社被评为"农民专业合作社省级示范社"，被授予"德州味"和"禹种不同"授权使用单位，取得"乡邦小麦"和"乡邦大豆"绿色食品认证证书。2022年，央视财经频道经济半小时对合作社大豆玉米复合种植进行了专题报道。同年，合作社被全国农业技术推广服务中心和山东省农药检定所列为2022—2024年大豆玉米带状复合种植除草剂等药剂筛选和植保综合技术试验示范基地。

在国家开展新一轮千亿斤粮食产能提升行动和持续推进大豆和油料产能提升工程中，刘厚鑫针对农业生产种植和大豆玉米带状复合生产中存在垄埂高、占地多，不利于播种、收割、机械化作业等实际情况，于2018年斥资60余万元，在禹城市率先探索千亩去垄增地喷灌技术，打破了过去的大水漫灌改为喷淋灌溉，为禹城市乃至全国的种粮大户在种植管理与灌溉方面提供了样板和经验。"去垄增地"看似只是去掉了田间的一道道凸埂，实际上将一块块用垄埂隔开的土地集中起来，实现深耕深松、秸秆返田、打包回收、喷淋灌溉"四位一体"，促进"成方连片"规模化经营。通过去垄增地加卫星导航耕作，无形增加粮油种植面积10%以上，极大地提高了土地利用率，提升了粮油作物单产，增加了种植效益，且更利于大型机械的应用，为农机企业研发提供了新方向，更有利于大豆玉米复合种植的标准化种植。

作为乡邦种植专业合作社理事长的刘厚鑫，以带领农民共同富裕、加快乡村振兴为己任，把大豆种植积累的复合种植经验，通过基地示范和种植合作试验等形式，带领禹城市超50%的大豆玉米带状复合种植合作社或种植户进行减垄去垄增地技术，增加种植面积2万余亩。以乡邦种植专业合作社为中心建立标准化大豆玉米带状复合种植基地1.2万亩，在耕、种、管、收各个环节实现全程机械化，示范带动全市推广大豆玉米带状复合种植近15万亩，为黄淮海地区乃至全国农村推广大豆玉米带状复合种植打造了"禹城样板"，贡献了"乡邦经验"。

刘厚鑫多年打造的抖豆粮品品牌"乡邦大豆"，在2021年亚洲农博会上受到国内外商家的青睐与赞许，为国产大豆种植打出了底气。他深知，自己取得的每一项成绩都离不开政府的支持和社会各界的帮助。2021年春节前夕，他主动向因新冠疫情不能回家的禹城市10家重点企业职工捐赠乡邦种植的非转基因大豆5 000千克，助力禹城市"稳岗留工、新春关爱"行动。他每年还积极参加"慈心一日捐""关爱留守儿童""情系敬老院老人献爱心"等公益活动，累计奉献超10万元，为履行社会责任，传播社会能量，贡献了自己的一份力量。

面对荣誉，刘厚鑫谦虚地说："我所做的每一件事都是最普通不过的了，每项荣誉都是对我的鞭策，更是对我的激励。"是啊！刘厚鑫的筑梦经历虽然平凡，却诠释着一位当代农民的责任和担当，践行着一位高素质农民的信念和初心。

懂农业爱农村的时代新农人

——记平原县高素质农民董光军

董光军，男，1970年5月出生，中专文化，中共党员，高级农艺师，平原县张华镇梨园村人，现任山东运河种业有限公司总经理、平原县运河粮食种植专业合作社理事长。他先后荣获平原县"十大杰出青年农民"、"平原县优秀共产党员"、德州市"种粮能手"、"齐鲁乡村之星"、"山东省劳动模范"等荣誉称号。

种子是农业的"芯片"，关系着中国人的粮食安全，是实现农业农村现代化的基础性保障。"一心做良种，倾情为农民"，如何让农民在有限的土地上创造出更高的经济效益，一直是董光军的追求。他非常注重科学研发，先后与中国农业科学院、山东省农业科学院、山东农业大学、德州市农业科学研究院等科研单位合作，引进繁育了济麦22、郑单958、鲁棉研29等小麦、玉米、棉花品种50多个。公司自主研发的运河181、运河575、运河3、运河219、山农棉14号等小麦、玉米、棉花新品种，通过了山东省品种审定委员会审定。2020年，与山东农业大学合作建立了教学科学科研实践育人基地，为新技术新品种推广提供了平台。2021年，与德州市农业科学研究院合作建立了200亩"吨半粮"绿色高产攻关示范基地，种植品种20多个，品种表现突出，为"吨半粮"品种筛选奠定了基础。2021年，公司被评

为"市级农业产业化龙头企业"。2022年，公司被认定为"山东省区域性小麦良种繁育基地"。

董光军深知学习的重要性、紧迫性，积极参加德州市高素质农民培育、山东省乡村产业振兴带头人培育"头雁"项目等专业培训，通过课堂教学、网上培训、实地考察等多种形式，开阔了眼界，掌握了方法，学到了知识，提高了技能。他还组织农民技术培训班，邀请山东农业大学和德州市农业科学研究院的专家，对种植户进行技术指导，提高种植户麦田管理水平。近几年，已举办各类培训班30多期，培训农户1 000多人次，农民育种合格率99%以上，使育种模式逐步向产业化、集约化、专业化、规模化方向发展。

生于农村，长于农村，服务农村，是董光军的真实写照，也是他多年来一直坚守的信念。他将良种繁育作为农民增收致富的重要途径，建起了长期稳定的麦种繁育基地2万多亩，为及时防治病虫害，购置飞防设备4台（套），涉及全县30多个村庄，2 000多户农民，每亩增收200元左右，仅良种繁育一项年增加经济效益200多万元，已成为当地群众增收致富的特色产业。平原县运河粮食种植专业合作社被评为"农民专业合作社省级示范社"、德州市"粮食生产优秀专业合作社"等。

在乡村振兴战略的引导下，作为一个农民企业家，董光军感到任重道远。下一步，他将带领公司继续加强与各科研院所的紧密合作，积极引进高端科研人才，提高农业科技含量，积极推广新品种、新技术，促进农业科技成果转化，为实现农民增收提供强有力的技术保障。

"盐碱窝"里放飞梦想

——记夏津县高素质农民高志军

"干时硬邦邦、浇后白花花,庄稼不大长、碱蓬爬满洼。这片'盐碱窝'就是我打小长大的地方,也是我开始创业的地方,更是我放飞梦想的地方"。望着眼前如今郁郁葱葱、丰收在望的一片庄稼地,夏津县智杰农场场长高志军非常感慨地说。

一、大胆尝试,盐碱地也能"沃土生金"

高志军生于1976年,农村长大的孩子喜欢农村、离不开土地。1996年中专毕业后,他毅然决然地回到家乡创业。"辽阔的原野、醉人的春风、丰收的画卷、淳朴的乡情",这是他心中的田园,也是他逐梦的目标。但是,格格不入的"盐碱窝"挡在他的面前,拖住了他起飞的翅膀。

高志军是一个不信邪的人,他坚信盐碱地也能"沃土生金"。向身边的土专家"取经",向县里的土肥站"寻宝",他不断尝试,逐渐形成并推广应用以"水利改良+深松深翻+秸秆培肥+生物有机肥+土壤调理剂+测土配方施肥"来打造一片良田的"6+1"盐碱地改良技术模式。经过多年努力,他的小麦每亩产量"轻轻松松"就过了500千克。

二、规范运行,争创"省级示范场"

2014年,农业部印发了《关于促进家庭农场发展的指导意见》,给志在发展家庭农场的高志军注入了"强心剂"。在夏津县农业部门的指导帮助下,农场逐步流转土地380亩从事粮食生产,并在硬件投资上循序渐进、量力而行。除与农业社会化服务组织、农产品加工企业建立了长期的生产托管和委托加工协议外,他非常注重健全农场组织架构,规范经营管理,应用先进技术,始终严格按照标准化的要求从事生产,渐渐地农场的管理运营日趋规范化、制度化。

他坚持把引进适合自身的先进生产技术作为提高产量和改善品质的核心手段，积极对接山东省农业科学院、山东农业大学、德州市农业科学研究院等科研教学推广单位。引进试验新作物、新品种、新技术，率先应用深翻整地、小麦宽幅精播和玉米深松多层施肥技术，承担了病虫害智慧测报、减药控害等多项试验示范任务，起到了良好的示范带动作用。努力必将成长，付出必有收获。2018年，智杰农场被评为"家庭农场省级示范场"；2019年，智杰农场成功创建"德州市放心农场"；2020年，智杰农场入选"山东省2020年家庭农场典型案例"，同年，智杰农场被评为"山东省职业农民乡村振兴示范站"。

三、不断学习，农村"娃儿"争当农民农艺师

2018年，高志军参加了山东省现代青年农场主培训。他如饥似渴地学习实用栽培技术和先进管理经验，把培训班的每名学员都当成老师，借鉴他们的经验，汲取他们的教训，努力使自己少走弯路。由于表现优异，他被评为"优秀学员"。2020年，他又被推荐参加了山东省农业领军人才培训班，同样收获满满、载誉而归。

让高志军最为兴奋的是，2020年12月30日他取得"农民农艺师"证书，成为夏津县第一批具有中级专业技术职务资格的高素质农民。"爱农业，懂技术，善经营，会管理，目标不会变，我会一直走下去"，他把证书郑重地放在胸口，继续在心中给自己加油打气。

四、再接再厉，新时代谋求新发展

2021年，德州市启动了"吨半粮"生产能力建设，高志军立即投身盐碱地"吨半粮"创建活动。他积极承担农业有害生物绿色防控以及小麦、玉米新品种展示等多项试验示范任务，全面推行小麦、玉米全生育期绿色高产优质高效集成技术模式和"两全两高"农业机械化生产，成为周边群众对标对表的样板和标杆。自2022年起，他与省（市）农业科研院所对接，建设了128亩大豆玉米带状复合种植示范基地，头一年就取得了大豆亩产110.5千克、玉米亩产621.7千克的好收成，实现了"大豆玉米一季双收"。同年，他的小麦和纯作玉米的亩产也分别达到了673.4千克和782.9千克，在盐碱地上实现了粮食产量的再提升。2022年，智杰农场被评为2022年度德州市"吨半粮"生产能力建设表现突出新型经营主体。同年，高志军被评为"齐鲁乡村之星"。

返乡创业带头人

——记宁津县高素质农民赵德高

赵德高，男，汉族，1990年11月出生，宁津县长官镇张凤巢村人。2021年被评为"德州市乡村好青年"，2022年被评为"齐鲁乡村之星"，国家首批乡村产业振兴带头人培育"头雁"项目学员。

一、回乡创业，打破传统谋共富

2019年12月，赵德高响应国家乡村振兴号召，回到自己的家乡，从事大棚特色农产品种植和线上线下的销售工作。2020年在本村流转480余亩土地，成立宁津县凤巢利众农业种植专业合作社。建设10个大棚，占地40余亩，棚里全部采用有机肥和大豆腐熟发酵做肥料，主要种植高端礼品西瓜和网纹甜瓜类。其余400余亩大田作物以蜜薯、苹果和水果玉米为主。现已入驻抖音、快手、拼多多等网络电商平台，2020年底注册"张凤巢"品牌。合作社2022年销售收入达到200余万元，带动入社农户112户增收致富，长官镇张凤巢村特色农产品合作社社员2020年至2023年已连续三年获得分红，实现村民和村集体经济的双增收，真正带动了村民的就业和整体收入。

二、致力公益，青年力量暖人心

水灾无情，人有情。2021年7月，河南部分地区遭受历史罕见的暴雨侵袭，多个地市汛情告急，救援单位和受灾群众生活物资紧缺。在得知汛情后，赵德高积极参与到支援河南的行动中去。7月29日凌晨4点，一辆满载着葡萄、玉米、方便面、矿泉水、消毒液等价值近2万元救援物资的货车从长官镇张凤巢村出发前往河南省新乡市。当天中午12点，经过连续8个小时的奔波，运送救援物资车抵达河南省卫辉市狮豹头乡政府，将救援物资交到当地工作人员手中。当地群众和工作人员非常感谢，赵德高表示，自己只是千千万万关注灾情的青年中的一员，关键时刻就要挺身而出，贡献自己的一份力量，同时也希望河南受灾群众能够早日恢复生产生活，对坚守在一线抗灾的工作人员表示敬意。

三、初心不改，回馈乡里共发展

赵德高不断学习现代农业和互联网操作等知识，能够熟练地进行文字处理、上网操作以及计算机日常维护。他将所学所得毫无保留地教给身边想学习的群众，为周边农户免费提供"学习培训、技术指导、上门服务"一条龙服务，多次组织农户进行线上及线下培训业务。赵德高熟练运用互联网新媒体，打开了新的销售渠道，在销售自家优质瓜果蔬菜的同时，免费帮助渠道闭塞的农户销售农产品。

作为年轻人，赵德高热心于村里的公益事业，甘于做群众工作的志愿者。在村两委统筹安排下，他以大局为重，不断提升综合协调能力，利用自身优势，到种、养、加大户就农业产业、结构调整等问题深入调查，听取他们的呼声和需求。到农户家中与其促膝交谈，询问对村级工作的意见和建议，掌握并认真记好他们所反映的问题，及时做好他们的思想工作。新冠疫情期间挺身而出，不管刮风下雨，在村口值班值守；核酸检测期间，任劳任怨，每次提前到场所安排物资、维持秩序，帮助没有智能手机的老人预约核酸检测。

在谈及未来发展时，赵德高信心满满地说："合作社将继续本着互惠互利、共同致富奔小康的原则，不断紧跟市场需求，创新经营模式，助力乡村振兴，我们的日子将会越来越好。"

热爱汇聚信仰　　葡萄树下致富

——记禹城市高素质农民吴德宝

提到葡萄种植，就不得不想到禹城市梁家镇汇德家庭农场的负责人——吴德宝。农场始建于2015年10月，占地面积150亩，注册资金100万元，先后被授予"山东省职业农民乡村振兴示范站"，被评为"家庭农场市级示范场""德州市放心农场""家庭农场省级示范场"。吴德宝先后被评为禹城市"双创之星"、禹城市"十佳新型职业农民"、禹城市"新农青年示范带头人"、"德州市乡村好青年"、"德州市乡村之星"、"齐鲁乡村之星"。

农场地处齐禹交汇处，西靠风景优美的高铁小镇，东与齐河边界交汇，北邻重要的交通线路高铁京沪线，南与美丽的徒骇河畔为邻。由于特殊的位置，得益于黄河古道的冲刷，半米以下为深达八九米之多的沙土层，土壤有机质含量高，适宜果蔬种植。农场采用保护地种植技术，以种植鲜食葡萄为主，另有中华蜜桃、秋月梨、法兰西梅、长果桑葚、散养家禽等绿色农产品。

吴德宝带动周边县（市）百余户村民种植，均采用冷棚种植保护地栽培技术，杜绝化学农药使用，产出真正安全放心的农产品。他还制定了绿色食品质量安全管理、农药肥料管理、

监督管理、检验检测、人员培训管理以及农业投入品管理等制度。农场配备了检测室、档案室等硬件设施，做到了统一病虫害防治，统一技术指导，统一生产管理，切实达到了绿色防控、生物防治，如灭虫灯、粘虫板、多目数防虫网、糖醋液等，真正做到了以质量求生存的发展理念。农场成功注册"源醋醇"商标，2017年通过国家无公害农产品认证，2018年通过国家绿色食品认证。

近年来，农场不但与济南市、德州市等地的大型超市签订了收购意向合同，还通过电商平台将农业与互联网有机结合，实现科学管理、信息分享、网上交易、电子支付、智能物流，产品远销贵州省、湖南省、浙江省、福建省、北京市、大连市、广东省等地，使农场的产品销售没有了后顾之忧。农场在发展壮大自身建设的同时，本着示范带动周边农户发家致富的宗旨，与周边农户签订农产品代查代销协议，做好农业发展带头人，达到带动一方农民致富、推进乡村振兴的目的。农场在"创新、协调、绿色、开放、共享"五大发展理念的指引下，加大和周边村镇合作发展，共同致富。依靠科技创新实现科学发展，将现代生态农业、特色农产品与乡村休闲旅游三产融合发展，为实现村镇经济转型升级、农民增收、社会收益的新局面做好带动示范。

吴德宝说，回农村创业一定要注意两点：一是要根据趋势选择合适的切入时机，二是要顺应趋势提高自身能力，有针对性地为自己充电。他不断摸索学习，结合销售模式选择不同的品种，拉开了季节差，避免产品积压上市造成销售问题。为了防范创业过程中遇到的各种风险，他不断提升自己的经营能力，增强风险意识。通过六年的发展，他深刻认识到这些成绩的取得离不开国家在农业方面出台的好政策，以及各级农业农村部门的支持和帮助。

虽然吴德宝的创业过程是艰辛的，但创业成果让人欣慰。饮水思源，他把成功的种植经验和经营理念毫无保留地传授于人，甜蜜的"小葡萄"成为梁家镇群众致富的"金果果"。

一名耕夫的田间坚守

——记齐河县高素质农民赵德龙

赵德龙,男,1974年1月出生,汉族,中共党员,现任山东昌润生态农业有限公司董事长。近年来,先后荣获山东省"富民兴鲁"劳动奖章、山东省"工友创业"优秀个人、"齐鲁乡村之星"等荣誉称号。

"种豆南山下,草盛豆苗稀。晨兴理荒秽,带月荷锄归"。这是"耕夫"赵德龙经常挂到嘴边的一句话,他也始终以"耕夫"的心态去耕种、耕读、种花、种果。

一、扎根农村开荒扩土——一名耕夫的选择

2005年,因为误食毒韭菜,老母亲和妻子双双食物中毒。自此,做三产深度融合、走无公害有机果蔬发展道路的种子便在赵德龙心里生根发芽。2010年,恰逢安头乡塚子张村旧村拆迁土地流转,当时那里目光所至皆是白花花的盐碱、荒滩、瓦砾、沙尘,晴天一身土,雨天一身泥。风起时,扬尘四起,鸡也只能躲在车轮旁边合眼避风,即使在农村长大的耕夫也从未见过如此瘠薄的不毛之地。太多投资商看了望而却步,但在诗和远方面前,在情怀和梦想面前,他看到的是未来苍翠的希望和期冀。于是,赵德龙不顾家人和朋友的反对,毅然决然地流转了塚子张村2 000余亩的沉沙池和600余亩的旧村址,成立了齐河县致中和家庭农场,开始了他的新农人之路。

二、一二三四产融合发展——一名耕夫的奋斗

赵德龙立足现有条件，因地制宜，扬长避短，延伸产业链，定位生态农业、休闲农业、观光农业、文化农业、科技农业，做三产融合的田园综合体。用三产拉动一二产业，规避土地贫瘠长期不能回补的短板，发挥沉沙池湿地水渠多的优势，卷起袖子，挽起裤腿，平整土地，疏浚沟渠，栽种树木，发扬燕子衔泥、喜鹊筑巢的精神，扎根土地，在平凡的工作岗位上做出了不平凡的事迹。

做实第一产业，锻造有机品牌基础。赵德龙始终坚持把不用农药、化肥、除草剂、生长激素的"四个不用"作为种养的基础，用传统的种植模式生产有机农产品。利用农场的菜粮、牧草养殖禽畜，利用禽畜粪便作为农作物肥料，利用农作物秸秆和禽畜粪便制取沼气，沼液和沼渣又作为农田肥料使用，他建成了齐河县第一家循环式有机种植基地，自2013年以来，农场生产的果蔬和杂粮连年获得有机产品认证。

做好第二产业，延伸产业链条。为增加农产品的附加值，在赵德龙的带领下，农场坚持标准化和量化发展道路，不断拉伸产业链条，将农场生产的有机绿色农产品通过初、深加工的方式分别做成石磨面粉、杂粮面、手工馒头、窝窝头、小磨豆腐、豆腐皮、小磨花生油、酱菜、白酒等，不断延伸农产品的产业链条，增加农产品的附加值，提升利润空间，这些农产品深得消费者广泛青睐。他把农场种植的有机瓜果蔬菜通过严格分级，制成精美便携的箱式包装，标识"秋日春阳"商标和产品二维码，配送大中型超市、农场专卖店和农场会员家庭。

做活第三产业，开发乡村旅游。专注吃住行游购娱，做好乡村旅游文章。一是做好"吃"的文章，利用湖畔自助烧烤、农场大锅灶等方式，让消费者亲自动手体验，吃上原汁原味的有机绿色健康饭菜。二是做好"住"的文章，通过网络众筹、周边村民入股合作、社会联营等形式，积极建设养生农家院、休闲度假野奢、星空房、树屋假日酒店，扩大旅游资源。三是做好"游"的文章，抓住法定节假日及周末的黄金节点，适时举办油菜花节、樱桃花节、葵花节、荷花节、薰衣草节等活动，吸引观光消费者。四是做好"娱"的文章，充分利用农场内草莓大棚、黄瓜大棚、番茄大棚等生产设施发展采摘农业，增强人们的农业体验感，移步异景、观湖赏月，使游客尽享大自然原生态的美妙。

布局第四产业，开拓云上业务。新兴电商产业的发展拓宽了赵德龙的销售思路。自2020年开始，农场在拼多多及淘宝两个平台进行线上销售，2022年下半年，在他的带领下，农场团队经过缜密的探讨，开始在抖音进行直播带货销售，不仅进一步拓宽了农场有机农产品销售渠道，也提高了农场的知名度，获得了良好的社会效益。

三、带领群众共同致富——一名耕夫的坚守

经过几年的建设与发展，农场已经成为占地3 000余亩百花齐放的生态旅游景区和有机农产品种植基地。五位一体连锁店开进了市区，就近发展会员、服务会员，解决了从田间到餐桌"最后一公里"的问题，产业链布局得到延伸。"产品走进千家万户，会员走进田间地头"的互相带动模式得到成功验证。农场的发展也为周边群众提供了数以千计的劳动岗位，农场与周边1 500余户签订了种植合作协议，间接带动农户增收6 500多万元。同时，他还广泛推广农业生产管理技术，设立农业技术推广站，常年免费开展新型职业农民教育培训，主要培训推广生态循环农业和蔬菜标准化种植生产管理技术。2022年以来，先后举办生态循环农业技术培训班6期，培训农民1 200余人次，举办蔬菜标准化种植技术培训班10期，培训农民2 000余人次。接受培训后的农民返村后积极推广所学知识，对生态循环农业和蔬菜标准化种植起到了引领和推动作用，受到当地政府和相关部门的一致好评。为推动地方经济快速发展，带领人民群众发家致富，建设社会主义新农村做出了突出贡献。

耕种耕读耕心地，种花种果种福田，作为一名耕夫，作为一名高素质农民，赵德龙将继续坚守在农业生产一线……

海阔凭鱼跃　天高任鸟飞

——记禹城市高素质农民信维财

信维财，男，出生于1969年，禹城市梁家镇人，禹城市梁家镇火龙家庭农场负责人，先后被评为禹城市"十佳新型职业农民"、禹城市"双创之星"、"齐鲁乡村之星"。

近年来，随着市场经济快速发展，村里很多年轻人外出打工，寻找更广阔的致富门路。作为家里的顶梁柱，信维财思考着未来，究竟是继续留在村里，还是走出去闯荡？信维财自幼生活在农村，很难割舍对土地的那份感情。酷爱学习、读书、看报，时刻关注"三农"新动态、新政策、新知识的信维财有了发展经营农场的计划。自从有了这个想法，他就找村委会沟通，详谈家庭农场组建的相关事宜。村支书当时就对他竖起了大拇指，对他响应国家号召、带动群众致富的想法给予充分肯定，并支持他大干一场。

信维财说干就干，通过东拼西凑筹措资金，一次性在村里包了365亩土

地，其中，优质品种果树示范种植面积120亩、农作物优质良种示范推广100亩、其他经济农作物种植145亩、散养笨鸡养殖场1个。根据规划和发展需求，2016年10月正式注册了禹城市梁家镇火龙家庭农场，农场以散养笨鸡和有机瓜果及生态农业产品深加工为主，信维财又流转了本村土地150余亩，使农场规模达到520余亩，总投资360余万元，其中，新品种引进及研发培育占地240亩、良种苗木繁育区115亩、新品种良种繁殖用地150余亩、散养笨鸡养殖场两个，逐步形成良种化、标准化、规模化、集体化于一体的现代科技农业格局。

农场之所以取得如此骄人的成绩，与其先进的经营理念、卓越的管理模式密不可分。信维财作为农场领头人，为进一步开阔视野、增长才干，提升农业经营能力，参加了高素质农民培训班。在培训期间，他如饥似渴地学习知识，课堂上总有问不完的问题，授课老师都给予热心详细的解答。凭借勤奋刻苦的执着劲儿，信维财了解到乡村振兴新要求、"三农"工作新趋势，找到了农场发展的良方，并将理论应用到经营之中。他结合农场实际，大胆创新实践，确定了"统一规划、统一管理、统一销售"的经营模式，完善规章制度，严格程序运行，强化田间管理服务，提高土地利用效率，农场综合效益显著提升。他深刻认识到科学种植的重要性，把在生产技能培训班上学到的农作物管理技术，应用到农场。他非常注重营销策略的实践性，把在经营管理培训班上学到的销售知识，应用到开拓市场、争取订单上，积极尝试精准式供应。他高度重视品牌化发展战略，大力提升农产品品质，增加附加值，争取更大的效益。他充分利用网络信息平台，积极与各供销商合作，实现订单式种植模式，与经销商签订了大量收购合同。通过一系列正确的理论指导实践，农场的发展拥有了强大的助力，插上了腾飞的翅膀。

这位普普通通的农民，对于今后的发展，已经做好了充分的准备，他将秉持"三农"追梦人的初心和使命，用实际行动推动农场高质量发展，为父老乡亲致富增收做出更大的贡献。

科技发展引领　壮大农业产业

——记平原县高素质农民姜清才

姜清才，男，汉族，1968年9月出生，高中文化，中共党员，平原县张华镇姜集村人，现任平原县张华镇盛财家庭农场负责人。姜清才先后参加过山东省新型农民创业培训、德州市新型农业经营主体带头人培训、山东省乡村产业振兴带头人培育"头雁"项目等专业培训。2019年12月，盛财家庭农场被评为"家庭农场省级示范场"，2021年，姜清才被评为"平原县最美农民"。

一、规模发展，争当产业先锋

2015年1月，姜清才借着中央号召规模经营、土地流转的东风，流转土地580亩，成立了平原县张华镇盛财家庭农场。农场主要从事传统作物和富硒小麦种植及加工与销售，凭着扎实的农技功底和精细化管理，富硒小麦亩均单产达到375千克，亩均收入达到1 000多元。2018年，他承担了德州市传统棉作结构调整优化推进工程试验示范项目，连续两年获得第一名的好成绩。2020年，又获得山东省传统棉作结构调整优化推进工程试验示范项目第一名。2022年，他购置了无人机，为自己的农场和周围群众开展植保服务，服务面积达到5万亩次。在平原县农业农村局的支持下，他投资10万元，新增水肥一体化设备一套，覆盖面积120亩，水肥一体化项目节水节肥、省工省力，特别是在小麦干热风、玉米播种、玉米后期施肥等关键环节上起到了不可替代的作用。经过规范发展，农场现已配齐旋耕机、收割机、植保无人机等设施，农场逐步走上了正轨。

二、科技引领，争当技术能手

近年来，姜清才积极推广应用新技术、新设施，提高科学种田水平。推广生物防治，投资2万余元在田间设置了300余个螟蛾性诱剂捕蛾器，设置500余个"黄板"，广泛应用物理方法防虫治虫，总结出了生物防治、适期防治、达标防治的有效模式。在"二点委夜蛾""三代卷叶螟"等病虫害发生初期，他就及时查看、及早防治，既降低了农药用量，又提高了防治效果。他利用有机肥替代化肥项目，每亩增施有机肥1 000余千克。通过3年的努力，他承包的100余亩复垦土地全部变为良田，而且产量在全镇遥遥领先。他说："科学技术是第一生产力，我们不仅要学科学技术，而且要用科学技术来改变落后的面貌，让农业插上科技的翅膀。"

三、创新发展，争当市场闯将

好打好拼的姜清才从年轻时就喜欢不断尝试。近年来，他抓住国家倡导健康农业、绿色产业的有利时机，积极对接山东农村专业技术协会富硒农产品专业委员会，并成为会员，推广"富硒"农产品。他首先从销路较好的反季节水果入手，创立"富硒西瓜"实验棚，第一年就取得成功。目前已创建富硒产品联合种植基地5处，富硒小麦达1 000余亩，辐射带动富硒作物种植规模达1 500余亩，他种植富硒黑花生、富硒水果花生300余亩，成为当地的特色产业之一。他开发了富硒面粉、富硒面条、富硒花生油等加工产品，注册"绿缘康栖"品牌，4个品种被认定为无公害农产品。建立网上销售平台1处，一二三产融合，实现效益最大化。2023年7月，盛财家庭农场被确定为健康农产品生产基地，他个人也被平原县工商业联合会食品行业商会授予"健康产业发展先进个人"荣誉称号。

四、响应号召，争当创建模范

2022年，姜清才响应"吨半粮"生产能力建设的号召，在农场建立20余个品种的玉米品种展示试验，为选择适合当地种植的适应"吨半粮"生产能力建设的新品种做出了重要贡献。2023年，他又承担了德州市农业农村局十几个品种的品种对比试验和高产攻关试验任务。他率先发展50亩大豆玉米带状复合种植，取得了良好的经济效益，玉米单产750千克，大豆单产120千克，实现了大豆玉米带状复合种植的既定目标。2022年6月，姜清才的事迹在农民日报进行了专题报道。

下一步，姜清才将在稳定现有土地规模的情况下，逐步向特色加工业发展，将一二三产业融合做大做强，为当地的产业振兴做出自己更大的贡献。

合作经营　　规模发展

——记武城县高素质农民李冬

　　李冬，男，1989年出生，大学学历，学士学位，毕业后一直在国企总部、市级单位就职。2022年，返乡创办德州金泽农业服务有限公司。公司位于武城县武城镇东小屯村，总占地面积30余亩，注册资金1 000万元，现有管理人员5人，技术人员3人，主要从事粮棉种植、农业生产托管、技术开发咨询、智能农业管理、订单农业等业务，旨在打造一支耕、种、管、收、烘、储、销一条龙的现代农业服务队伍，助力区域农业高质量发展。

　　李冬返乡创业主要基于家庭熏陶，他的爷爷是抗美援朝老兵，抗美援朝结束后回乡带领村民劳动致富，很受群众敬仰。他的父亲、叔叔辈也扎根农村创办涉农企业，服务当地经济建设，为农民提供劳动岗位，提高村民的家庭收入。

　　2022年李冬创办公司后，以"标准化种植、规模化发展、产业化经营、订单化农业"为目标，大力整合各类农业优势资源，实施统一经营管理，现已取得显著成效，公司全方位发展模式也已初步形成。

　　吸纳种植资源，探索"标准化种植、规模化发展"。吸纳武城县为民粮棉种植农民专业合作社、武城县曙光农机专业合作社、武城县康乐园家庭农场加入公司，实施统一经营管理。一是在原有基础上继续扩大土地流转面积，截至2023年8月共流转土地2 000余亩，发展社员5 000余人，托管土地面积5万余亩。二是积极争取农业农村部门的高标准农田建设项目资金1 000余万元，对公司土地的现有基础设施进行改造提升，同时安装自走式喷灌机3台（套）、地埋式喷灌设备1 000余亩。三是"吨半粮"创建市长指挥田、县委书记指挥田、高产攻关田等落户公司基地。公司积极配合农业农村部门在基地内以"深挖单产潜力、带动均衡增产"为核心目标。聚焦品种选择、

培肥地力、深翻整地、规范播种、肥水运筹、病虫防治、防灾减灾等各个环节，围绕良种良法配套、农机农艺融合，大力推行统一供种、统一深耕、统一播种、统一配方施肥、统一病虫草害防治和统一管理的"六统一"服务。2023年，经省（市）专家测产，公司基地以小麦亩产746.3千克，玉米亩产975.6千克，两季亩产合计1 721.9千克荣获武城县粮王。

利用企业资源，发展"产业化经营、订单化农业"。一是与武城县德商种业科技有限公司签订战略合作协议，引进适合订单农业的品种3个。引进优质强筋国审小麦冀麦U68、冀麦713两个优质小麦品种。冀麦U68主要特性为抗寒抗旱，优质强筋，品质优于师栾02-1，产量优于济麦22。冀麦713主要特性为抗寒耐碱，属于中筋麦。这两个品种目前在武城繁种阶段，上市后可解决本县盐碱地块低产问题，也可减轻浇水条件不好地块的人力劳动。公司还引进一个高蛋白非转基因大豆品种圣豆8号，该品种高产不裂荚，易机收，商品性好，适合发展订单农业。二是与一家粮食贸易龙头企业、一家科研育种单位、一家大型面粉企业初步拟定战略合作意向，为下一步做好订单农业打好基础。

下一步，李冬将带领德州金泽农业服务有限公司以科研单位为支撑，以优质品种为源头，以收储加工企业为依托，实现农业稳定发展和农民持续增收，为国家粮食安全和乡村振兴做出更大贡献。

发挥优势　示范引领

——记禹城市高素质农民刘振亮

在禹城市市中街道办事处肖寺刘社区东邢庄村，坐落着一家家庭农场省级示范场——禹城市润土家庭农场。该农场于2013年注册成立，占地260亩，是一家集特种粮食、优质蔬菜、特色果品、大棚草莓、果树苗木种植、观赏动物养殖、观光旅游于一体的休闲农业基地。农场负责人是禹城市"双创之星"、禹城市"乡村科技之星"、禹城市"粮王"、德州市"十佳新型职业农民"——刘振亮。

多年的农业生产经验使刘振亮深深体会到科学技术的重要性。为此，他参加了新型职业农民创业培训班。通过系统学习，他不但掌握了现代农业科学技术，还具备了超前意识和实干精神。学成归来，他利用当地自然条件，围绕千年古槐，在自有承包地20多亩的基础上，又流转土地110亩，投资200万元，建立了润土家庭农场。

农场先后引进了优质特色水果皇冠梨和黑小麦。其中,黄冠梨果实椭圆形,果面光洁,果点小,外观酷似金冠苹果,外观综评极好。果肉洁白,肉质细腻、松脆,果心小、残渣少。风味酸甜适口并具浓郁香味,品质极上,是皇冠梨中的极品。引进种植的黑小麦是小麦珍稀品种,属优质专用型小麦,籽粒硬质,黑色或黑紫色。黑小麦营养丰富,据测定,黑小麦籽粒中含有丰富的淀粉、脂肪、蛋白质、多种维生素、大量矿质元素和稀有微量元素,特别是含有丰富的硒,硒的含量高于普通小麦200%。在北京市、上海市、石家庄市、济南市、郑州市、广州市等地的超市、酒店、快餐店,一个黑馒头卖到2元,黑面条一碗卖到10元,黑面包一个卖到8元,市场大有前景,常常出现供不应求的局面。

2017年11月,刘振亮又在毗邻地块流转土地130亩,将农场面积扩大并连成一片。农场现种植有黑小麦、水果玉米等特种粮食作物;有机菜花、秋葵等优质蔬菜;大棚草莓、皇冠梨、爱宕梨、油桃、樱桃、核桃等特色果品。围绕古槐周围,养殖有孔雀、珍珠鸡、火鸡、鸵鸟、美洲雁、雁鹅等观赏动物;还修建了儿童游乐设施和养鱼池,可供游客采摘、垂钓、观光、休闲。目前,农场已经初具规模,各级领导多次前来考察指导工作,禹城市农业农村局也将该农场作为培训基地,为多期培训班提供实地参观学习。农场还雇用周边老弱妇孺从事力所能及的劳动,每天可获得50~70元的收入,每年可增收4 000余元,使他们摆脱了贫困。

在刘振亮的努力下,农场已拥有果树70亩(4 500余株),大棚3个(10亩),黑猪存栏60头,特种家禽150只,机井3眼,硬化道路1 000平方米,农业生产配套设施650平方米,总资产100多万元。2022年实现产品销售收入90万元,实现利润总额30万元。下一步,他还将引进更多的特色果品、花卉苗木,增加游乐设施,增设餐厅和培训教室,使农场具有采摘观光、休闲旅游、餐饮服务、培训实习等功能,发挥更好的示范带动作用。

规范运营　共同富裕

——记夏津县高素质农民刘清伦

　　刘清伦，男，夏津县雷集镇清伦种植家庭农场场长、夏津县新型职业农民发展协会会长。农场设在夏津县雷集镇古城村，经营土地面积237.41亩，主要从事小麦、玉米种植与销售。2022年，农场生产粮食300吨，实现总产值80万元，年纯效益20多万元，家庭人均纯收入达到3.5万元，闯出了一条依靠种粮致富的新路子。2018年，农场被评为"家庭农场省级示范场"。2022年，刘清伦荣获"齐鲁乡村之星"称号。

一、强化规范管理

　　农场坚持"发展、规范、提升"并举，严格按照家庭农场管理规范，制定了财务管理、农具管理、油料管理、农机修理、机械保养、人员培训等制度。明确了场长、财务人员、管理人员等关键岗位的岗位责任，工作成效奖罚分明，调动了每个员工的工作积极性。2023年农场首次应用"随手记"记账软件规范财务收支和生产销售，使农场财务管理逐步走上制度化、规范化的可持续发展轨道。

二、加大设施投入

　　一是投资20余万元硬化晒场1 200平方米、修建库房160平方米，保障了农场生产的粮食及时晾晒和安全储存需要。二是购买排灌农机设备10余套，实现旱能浇、涝能排，扭转了靠天吃饭的被动局面。三是购置农业机械10余台（套），农场耕、种、防、收综合机械化程度达到100%。

三、应用先进技术

　　农场成立以来，刘清伦多次参加省、市、县组织的各类农民培训。通过学习和实践，他在小麦、玉米规模种植方面积累了丰富的实践经验，形成了独具特色的规模种植管理规程和技术体系，整理出一套高产、高效可复制推广的粮食规模生产方案明细表。通过规范操作，最近几年农场效益大大提高，年纯效益均在20万以上，起到示范带动作用。农场与山东诺安生态肥业有限公司合作，实现了所用肥料购销直接对接，降低了成本。农场种植的小麦与夏津县银浩种业有限公司签订了小麦制种购销合同，亩产量超出一般农户50余千克，大大提高了种植效益。

四、创建发展协会

通过学习培训，刘清伦结识了很多志同道合的朋友，他们都是经营主体负责人，都有一个共同的心声，就是组建一个农民专业组织，通过大家互助互利，共同解决农业生产中遇到的困难和问题。2017年2月24日，刘清伦发起成立了"夏津县新型职业农民发展协会"，他被推选为会长。协会采取"家庭农场+协会+新型职业农民"的运作模式，抱团发展。通过会员大会，明确了协会宗旨（农机器械共享、信息资源共享和农业生产新技术共享），建立了280人的协会微信群，利用微信平台为经营主体和周边群众解答农业生产中的疑难问题。协会的顺利运行使会员生产技术和综合素质得到了进一步提高。引导高素质农民规范化运作、标准化生产，从源头上保证食品的安全性，为推动乡村振兴起到示范带动作用。

近几年来，农场坚持"绿色、优质、高产、高效"的发展理念，实行规范化、精细化、标准化管理，集成应用新品种、新技术、新模式，成效显著，推动了当地粮食产业提质升级。2017年，农场被评为山东省村级科技信息服务站；2018年，农场被评为"山东省职业农民乡村振兴示范站"；2019年，农场被评为"家庭农场省级示范农场"；2020年，农场注册了"清伦"商标。

下一步，刘清伦将以乡村全面振兴为契机，大力发展粮食规模种植和绿色标准化生产，进一步延伸农业产业链，提高农产品附加值，把粮食种植业从单一的生产功能向多种功能进行拓展，打造具有地方特色和乡土风情的多元化农业，从而引导更多的农民加入农业生产经营主体中来，带领全体社员谱写共同富裕的华丽篇章。

身残志坚向阳而生　奋力谱写农业华章

——记禹城市高素质农民齐长杰

齐长杰，男，初中文化，中共党员，禹城市安仁镇高老五村人，现任禹城市安仁镇长杰家庭农场负责人。

一、天灾人祸，自强不息

1991年春节后的一天，齐长杰家拆建房屋时，墙身突然倒塌，将齐长杰重重砸伤，经过医院积极治疗，他被割掉了一大段腐坏的大肠。因为身体免疫力下降，在家休养半年多，干活还是没有一点力气，当时真是一蹶不振。第二年，灾难再次降临，他的一条腿又发生癌变，医生诊断必须截肢，否则性命不保。术后，他由一个年轻力壮、精力旺盛的棒小伙，变成了大门不出二门不迈的残疾人。一连串的打击让他心灰意冷，想死的心都有。看着泪眼婆娑的爹娘和妻子，看着嗷嗷待哺的一双儿女，看着两个年幼的弟弟，看着为他家不辞辛苦、忙里忙外的乡亲，他犹如醒后雄狮，对天呐喊："我不能再这样活着了，我要自强、我要奋斗！"他求亲告友筹措资金，养鸡、喂猪、养牛、种地，在爹娘的期盼中，在乡邻的帮助下，十几年如一日，付出了常人无法想象的艰辛和努力，小日子慢慢红火起来了，家里也逐渐富裕起来。

二、身残志坚，诚实守信

2010年，齐长杰将自家的余钱放在禹城市一家投资公司，每年得到一部分可靠收益，周围的村民闻讯也纷纷效仿，委托他办理投资事宜。正当村民们津津乐道的时候，这家投资公司资金链突然断裂，他自己和村民的190余万元付之东流。本来是和村民一起挣钱的好事，没想到弄成了这样的结果，他欲哭无泪，连续几天彻夜未眠，最后决定自己守信还账。苍天不负有心人，他承包的350多亩土地连续几年种植大蒜和优质农作物，经过他的科学种植、精细管理，收入十分可观。2015年下半年，他终于还完了所有款项。在这期间，齐长杰的所作所为深深地感动了周边群众。

三、初心不改，奋斗不止

欠款还完了，齐长杰致富不忘众乡亲，带动扶持周边农户发展作物种植，户均种植农作物100亩。他积极向大家推荐优质的化肥、种子、农药等农资，还无偿提供先进的农业技术，乡邻笑称他"一肢独秀"。2017年，他参加了禹城市首批高素质农民培育。通过学习，他不仅提高了农场经营管理的水平，还对国家农业扶持政策有了更深的了解。同时，也感受到发展绿色生态高效农业和结构调整方面存在的不足和差距。为此，他进一步坚定了扩大种植规模、提高种植水平、调整种植结构的信心和决心。自2017年以来，农场流转土地达1 200余亩，其中，普通小麦和玉米种植面积达800余亩，粮食产量每年稳超80万千克；大蒜种植常年保持在200余亩。2018年新建高温大棚8个，种植网纹瓜净收入40余万元。2019年种植黑小麦60余亩，净收入6万余元。他不仅成就了自己，还为当地老弱病残乡邻提供就业机会，每年达4 000余工时，众多的老人、妇女通过在齐长杰的农场务工先后走上了富裕的道路。

四、丰碑无语，行胜于言

齐长杰作为一名高素质农民，命运的坎坷没有消磨他创业的志向，他身残志坚、勇于奉献、甘做人梯的无私奉献精神鼓舞了周边的群众。2017年他获得禹城市"双创之星"称号；2019年被禹城市委、市政府授予全市"十佳新型职业农民"称号；2020年获得禹城市"粮王"称号；2021年被山东省人民政府授予"齐鲁乡村之星"称号；同年，被农业农村部评选为"抗击新冠肺炎疫情突出贡献农民"。农场2019年被评选为"家庭农场市级示范场"；同年，获得德州市"放心粮仓"称号。

荣誉已成过去，他感恩党、感恩政府，今后将进一步发挥高素质农民的示范带头作用，为发展全市绿色生态高效农业做出自己的贡献。

立足岗位勤耕耘　为民服务葆本色

——记庆云县高素质农民侯广云

在庆云县尚堂镇北侯村桃树种植基地，金灿灿的桃子沉甸甸地垂挂在枝头，空气中飘荡着一股沁人的甜香味。桃树旁，村民们正忙着采摘、挑拣、打包、装箱……数百箱的新鲜黄桃从这里运往全国各地。这是庆云县北侯村高素质农民侯广云带领村民，在乡村振兴的舞台上尽情挥洒豪情壮志，谱写一曲曲催人奋进赞歌的美好画面。

一、学习提动力，创新有思路

北侯村是一个典型的农业村庄，2018年5月村里成立了合作社，流转本村耕地207亩。主要种植小麦、玉米，虽能保障合作社正常运营，但收益不高，社员积极性逐渐下降。"如何让合作社增收？"成为困扰侯广云的一大难题。2019年，侯广云被镇上推荐参加了高素质农民培训。在学习期间，他积极向老师请教、向同学探讨，生产技能、经营水平、思想理念得到显著提升，一个特色种植的念头在脑海中诞生了。经过多方实地考察，在征得合作社成员的同意后，他决定通过土地流转，因地制宜发展华夏神菊和果树种植，走一条特色种植强村富民之路。

二、学习富头脑，神菊有收益

在推动土地规模化流转时，侯广云遇到了棘手的问题，村民们不相信他，认为好好的土地种啥不好，非得要种植华夏神菊，更何况华夏神菊从来没有听说过。"做给农民看，带着农民赚"是侯广云的一贯作风。为此，侯广云积极请教华夏神菊栽培专家，学习相关种植技术，目的就是让自己的种植技巧更上一层楼，让老百姓相信他。他身先士卒，在自己的土地上试种了5亩华夏神菊，经过不懈努力试种成功，得到了村民的一致认可。随后，合作社与山东锦绣三元朱农业装备有限公司签订协议，66户土地流转成功，207亩入社土地全部种植上了"华夏神菊"中药材。华夏神菊喜获成功，村集体收入大幅度增加，村民获得土地分红和劳动报酬两份收入，进一步补齐了民生短板，促进了经济增收，实现了富民强村。

三、学习拓视野，果园有效益

万事开头难，侯广云带领合作社骨干成员20余人，先后到山东省果树研究所种植基地、临沂市果树种植基地、威海市果树产业园等地学习调研，把田间变课堂，提升村民眼界。针对果树种植收益慢的特点，合作社在种植类型、操作模式上下功夫，种植苹果树6 500棵、梨树3 700棵、桃树3 000棵，实现四季有果品、全年有收益。从6月到10月，月月有精品桃成熟，前来购买的顾客和下单的电话络绎不绝，看着满载黄桃的车辆，侯广云笑得合不拢嘴。"听说黄桃到最后一波采摘期了，我和朋友每年夏秋季都会来这里买上几大箱，回去分给亲戚邻居。"游客笑着说。黄桃丰产不仅增加了村集体收入，也带动了本村及周边村民就业。"活儿不累，一天能挣百十块，还不耽误照顾家，咱也成'上班族'了。"今年58岁的张寿芝打趣道，只见她一手一个黄桃，不一会儿，就摘了小半筐。

"下一步，我将继续努力，将观光农业和旅游业结合起来，把北侯村打造成集休闲、观光和旅游为一体的生态果树产业园，全面拓宽村民增收渠道，为庆云县乡村振兴提速。"侯广云自信满满的说道。

推广良种促增收　引领农业谋发展

——记临邑县高素质农民崔长军

"乡亲们，你们好！我是你们的老朋友崔长军，今天咱们讲讲京农玉658玉米种的优缺点……"这几天，临邑德农粮食种植专业合作社负责人、临邑县宿安雨后春笋家庭农场场长崔长军通过直播为农民传授技术。提起崔长军，在临邑县宿安乡及周边乡镇，真是无人不知、无人不晓，大家都称他为庄稼管理的"导航仪"，农民身边的"土专家、主心骨"。崔长军爱农业、懂技术、善经营、会管理，在农业实践中发挥了显著的模范引领作用，在群众中享有较高威信，在带领农民致富、促进农民增收、培育农业农村发展新动能等方面做出了突出贡献。

一、引进优良品种，带领农民增收

崔长军当过民办教师、生产过服装、在加油站干过，多年的教育、从商经验使他积累了广阔的市场眼光。2016年，他带头成立了临邑德农粮食种植专业合作社。2020年，崔长军与山东省农业科学院作物研究所合作，引进济麦22小麦良种。为推广成功这一品种，他手把手带领农民培肥地力、高质播种、科学施肥、合理浇水、化学调控，平均亩产达到537.04千克，对照鲁麦14号增产10.85%。近年来他发现，玉米早熟、耐密、宜机收的品种越来越受到农户的青睐，京农玉658是新一代早熟、抗倒、耐密、适宜籽粒机收的玉米品种。2021年，他在试种成功的基础上，在宿安乡和周边乡镇发展500余个种粮大户，推广种植京农玉658玉米品种2万亩，亩均增收200千克，受益农民达10万人。

二、发展芦笋种植，带动现代农业

2020年，崔长军承包了成方连片、鲁北面积最大的宿安乡1 100亩芦笋种植基地，注册了临邑县宿安雨后春笋家庭农场。经过市场调研，他了解到日照中绿集团是一家绿色、天然、营养、健康的大型食材供应商，具备选材有"道"、自然领"鲜"的四大标准。一是种植鲜，即好土、好水、好环境；二是加工鲜，即当日完成加工、全程封闭、自动化操作；三是存储鲜：即采用真空包装或环保保鲜包装；四是运输鲜，即运输快捷、配送便利。他种植的千亩芦笋正好符合这个集团的自然领"鲜"理念，与日照中绿集团签订回收合同，实行订单农业，新鲜芦笋系列产品出口日本、韩国、欧洲等地。他还注册了"康为首"商标，与理合务镇齐鲁工业大学省派第一书记国天庆取得联系，得到技术上的大力支持，研究回收芦笋边角料，生产芦笋酒、芦笋茶、芦笋面条等系列产品，在第四个中国农民丰收节上，他的特色农产品得到市、县领导的关注和赞扬，得到市民的好评。

三、发挥自身特长，助推乡村振兴

作为一个普通的农民，崔长军用自己的双手和智慧，在乡村振兴的道路上创造出了不平凡的业绩。乡村振兴，人才是关键，作为一位具有高度社会责任感和开拓创新精神的高素质农民先锋代表，他将自己的种植基地打造成农民教育培训的主阵地、主战场，以产业作为培训立足点，将经营管理与创新创业、集中培训与田间指导、课堂讲授与田间实践、本地教学与外出教学相结合，全面提升身边农民的生产技能和管理水平。通过他的示范带动，宿安乡先后涌现出一大批爱农业、懂技术、善经营、会管理的高素质农民，在广袤的田野上为乡村振兴描绘美丽画卷。

四、拓展乡村资源，谋划观光农业

在宿安乡党委、政府的大力支持下，崔长军把眼光聚焦到农业与旅游业结合在一起的新型农业经营业态上，利用农业景观和农村空间吸引游客前来参观，即以农、林、牧、副、渔等农业资源为基础开发旅游产品，并为游客提供特色服务的旅游业。他结合宿安乡资源实际，着手开发草莓采摘、观光农业、水上乐园，利用农村的自然风光作为旅游资源，提供必要的劳动设施，让游客从事农耕、收获、采摘、垂钓、饲养等活动，享受回归自然的乐趣，观光旅游不仅可以丰富城乡人民的精神生活，优化投资环境，还能达到农业生态、经济效益和社会效益的有机统一。

把握机遇　突破自我

——记临邑县高素质农民郭雨

郭雨，男，汉族，中共党员，生于1994年6月，大学本科学历，临邑县德平镇郭湾村人，现任临邑县华盛益农家庭农场场长。他先后获得"临邑县乡村好青年"、"临邑县向上向善好青年"、德州市"种粮能手"等荣誉称号。

一、突破自我，返乡创业

郭雨2017年大学毕业后，一直在企业从事化工安全技术工作，但一种现象改变了他的想法。他的家乡临邑县德平镇是个农业重镇，有着大面积的优质土地。但令人遗憾的是，随着大量农村青壮年劳动力外出务工，在家种地的基本上都是老年人，这些老年人不但种植方式落后，还缺乏现代化的农业管理经验，这种"老年农业"如何保证粮食安全，如何实现乡村振兴？经过反复思考，郭雨下决心放弃安逸的城市生活，毅然选择返乡创业。2020—2023年，结合当地土地流转和多种惠农政策，郭雨先后以村民满意的价格流转德平镇土地1 000余亩。流转土地后，郭雨先后购置大马力拖拉机、播种机、施肥机、收割机、农业植保无人机等先进设备，实现了从种到收的全部机械化。其农场所种植的玉米和小麦在科学有效的管理下，连续实现增产增收，为德州市"吨半粮"生产能力建设做出了贡献。

二、积极学习，无私分享

郭雨积极参加农业部门组织的培训和农业技术专题讲座等，并将学到的先进农作物种植技术结合实践利用到农场管理上，小麦一喷三防、小麦越冬镇压、玉米水肥一体化等先进种植技术的投入运用有效地提高了玉米、小麦的产量，郭雨种植的玉米和小麦实现连续增产增收，2022年玉米、小麦净利润达到了200万元。在提高自身产能的同时，他也将这些先进、实用的生产技术无条件地同周边农民分享，为共同富裕贡献自己的力量。郭雨返乡创业的成功案例，也为当地年轻人回到家乡树立了榜样。

三、统购直销，降本增收

郭雨发现，周边农户使用的农用物资参差不齐，且价格还偏高。于是他通过自身规模优势，带领周边散户同中化集团等优秀企业签订农用物资订单，让周边农民用上平价的优质农用物资，让农户每亩土地

降低农用物资成本约80元。他还依靠售粮渠道宽泛的有利条件，积极对接粮食深加工厂家，无偿地为周边有需要的农户提供粮食直销渠道，让大家的好粮食能有个好价格，通过直销卖粮，每亩土地增加收入150元。

四、把握机遇，共同致富

2022年玉米种植之前，郭雨通过研究市场动向，发现本季糯玉米的商机，经过反复确认无误后，他决定全部种植糯玉米，同时他也将这个消息无条件地分享给周边的农民朋友。最终该季所种植的糯玉米，在对比普通玉米不减产的情况下，销售价格每千克高达4.8元，每千克高出普通玉米价格2元多，每亩土地增收1 500元。

郭雨牢记："中国人的饭碗任何时候都要牢牢端在自己手上，我们的饭碗应该主要装中国粮。"这是中国农民的责任，更是自己这批高素质农民的担当，他表示自己一定会不辱使命、全力以赴，为家乡农业发展贡献全部力量。

初心如磐　奋楫笃行

——记庆云县高素质农民王荣军

在庆云镇王古泉村的农田里，搭载有北斗卫星导航新技术的无人驾驶播种机正在进行大豆玉米的同步播种。"大豆玉米带状复合种植采用'大托管'的模式，合作社统一供种、统一播种、统一管理、统一收获，实行'一条龙'服务。这样比起单户农民，效率提高了，成本降低了，收益增加了。"庆云镇王古泉村土地股份合作社理事长王荣军接受采访时说。2023年6月21日，山东新闻频道对庆云县通过实行"大托管"模式，推进大豆玉米带状复合种植，确保粮食安全的典型做法进行了报道。

一、发展合作社，筑牢发展根基

2017年，王古泉村成立了庆云镇第一个党支部领办创办的土地股份合作社，率先通过合作社实现村民增收，并成为全县样板。打破传统零散种植的模式，大力发展"合作社+企业"的新型规模化种植方式，通过调整土地实现入股土地成方连片、集中管理。2018年初，合作社投资19万元购买了3台大型农业机械；同年8月，合作社投资47.3万元建设了小麦、玉米烘干塔，建成了400平方米的农资存放仓库和166平方米的水泥晾晒场，解决了多年的晒粮难问题。同时，合作社又投资100万元新建了高标准农田水利灌溉设施，大大提高了粮食生产能力。2023年7月，全村已有93户村民加

入合作社，入社土地达300多亩。

二、探索新方向，助力农民增收

合作社成立初期，作为理事长的王荣军苦苦思索，在经过多方探讨后，他了解到繁育小麦良种可以增加亩均收入，于是他积极协调县种子公司开展良种繁育合作。小麦原种适合生长在土质良好、排灌方便的环境中。由于多年来村民浅耕浅作，导致农田耕层变浅，土壤保水保肥能力差。为改变这一状况，他紧紧抓住深耕项目的政策，对村内土地进行了深耕，为良种繁育奠定了坚实基础。自合作社成立后每年给社员进行两次分红，第一次为保底分红，第二次为收益分红，按收益的30%分给农户、40%分给合作社、30%分给村集体。如此一来，将老百姓闲置和收益少的土地集中起来，形成大规模产业化种植模式，既让老百姓得到实惠，又增加了农村集体收入。

三、学习新知识，提升素质素养

合作社成立后，王荣军一边精心打理相关事务，一边想方设法提升自己的管理能力和技术水平，手机相册里保存着玉米、小麦不同生长时期的照片，家里种植类的书籍更是摆满了书架。尤其是在合作社的农田里，他经常是一边认真观察、一边在本子上记录农作物的生长状况。为了确保小麦出苗齐、匀、壮，他多次请农业专家到村指导，学习如何观察麦苗出苗情况和科学除草、施肥等。尤其是在麦种收获前，需要人工选种，将空秕的小麦全部淘汰，留下长势良好的小麦统一收割，他要求社员选种时严格"走两遍工序"，确保淘劣选优。功夫不负有心人，王荣军逐渐摸索出了一套种植经验，种植技术突飞猛进，合作社运营风生水起。

在王荣军的带领下，村容村貌发生了翻天覆地的变化，民风淳朴、街道干净。他也先后荣获庆云县"十佳新型职业农民"、庆云县"粮王"、德州市"种粮能手"、"德州市优秀共产党员"、"齐鲁乡村之星"等荣誉。面对各项荣誉，王荣军谦虚而诚恳地说："金杯银杯不如老百姓的口碑，我是一个普普通通的农民，今后要更加努力，向更优秀的高素质农民看齐，为乡村振兴贡献一份微薄之力。"

创新发展模式　推动传统产业

——记夏津县高素质农民雷军

雷军，男，汉族，中共党员，初中学历，现任夏津县雷集镇雷集村支部委员、夏津县雷集镇军发家庭农场负责人。2022年、2023年两次荣获德州市"种粮能手"称号。

一、勤劳致富创业，树立乡村振兴榜样

"让农业成为有奔头的产业，让农民成为有吸引力的职业，让农村成为安居乐业的家园"，这是乡村振兴的美好愿景。雷军同志看到从中央到地方各级党委、政府都高度重视农业，各项惠农政策不断出台，他敏锐地感觉到农业生产的春天即将到来。他明白，只有通过创新和科技的引领，才能在市场竞争中取得优势。因此，他决定将先进的农业技术和科学的管理方法引入传统农业生产中。2013年，雷军成立了夏津县雷集镇军发家庭农场，总面积达328余亩。在小麦种植上深耕深翻，在玉米管理上深松多层施肥，结合农业部门的测土配方施肥试验，增加了有机肥的使用，同时还减少了化学肥料的用量。实施诱蛾、杀蛾等先进科学技术，减少了农药的用量，做到种地和养地结合，农业生产与环境保护相结合，提高了农产品质量和产量，增加了农场的效益。2013年以来，农场的经济效益年年递增，年产值87万余元，纯收入26万余元，真正做到了社会效益与经济效益的双赢。

二、刻苦学习技能，不断提高种植水平

雷军深知，作为一位高素质农民，必须具备持续学习的能力，才能跟上农业发展的步伐。为了提高科学种植水平，他自费聘请农业专家来为农户授课，几年来授课10余次，参加人员千余人次，大大提高了农民的科学种田意识，同时也提高了农场的声誉，受到人们的一致赞赏。为了进一步

丰富自己的理论知识和专业水平，他积极参加市、县举办的各类农民培训班，不但学习先进的种植理念，还虚心向一些种植大户请教，汲取他们的经验。在2019年德州市新型农业经营主体培训和2021年德州市高素质农民培训中，因成绩优异、表现突出，被评为优秀学员。通过不断的刻苦学习和实践应用，农场的小麦平均亩产量超过650千克，玉米的平均亩产量超过780千克。

三、带农脱贫增收，真心回馈社会

雷军在发展农业种植的同时，不忘回馈社会，致力于改善农民生活条件。自农场成立以来，采取多种形式，积极为周边群众提供就业岗位。其中，与困难户雷子臣签订用工合同，每年支付工资12 000元，另外为他提供优质肥料、农药，每年节省农资投入3 000余元；因脑出血致残的村民姚书文也在农忙时被雇用到农场工作，每年可以增加收入5 000余元。以上两个仅是个例，农场每年雇用几十个工人，绝大多数是老弱病残或退伍军人，以最大努力为他们提供合适的工作，使他们在物质生活上得到一定的改善。

雷军经常说："种地是农民的老本行，我要把它种好，不仅能给我带来财富，更重要的是它使我感到骄傲。"正是在像雷军这样的种粮大户的示范带动下，雷集镇的小麦、玉米生产正朝着现代化、规模化的方向发展。

金土地孕育出"助农专家"

——记庆云县高素质农民于书森

于书森，现任庆云县鑫惠土地股份专业合作社理事长，先后荣获德州市"十佳新型职业农民"、"齐鲁乡村之星"等荣誉称号。他经过新型农业经营主体带头人培训、农业丝路先锋培训后，利用所学经济管理知识和先进种植技术引导合作社发展特色种植，带领村民共同致富，他以书本为师、以村民为师、以实践为师，逐渐成长为村内外有名的"助农专家"。

2017年，乘着"三农"政策的东风，于书森领办创办了庆云县鑫惠土地股份专业合作社，以种植玉米、小麦等传统农作物为主。经营合作社之初，由于缺乏经营管理和种植经验，于书森遇到很多困难，农田亩产量迟迟上不去。后来通过参加高素质农民培训，开拓经营理念，学习管理经验，选植优良品种，应用先进技术，以提高粮食品质和亩产量为抓手，积极推进高标准农田建设。经过于书森的努力，小麦亩产量达600千克，玉米亩产量达700千克，村民对合作社的信心越来越足。

为了保障社员的基本收入，于书森构建了"保底收益+盈余分红"的分配模式。在这种模式下，社员除每年每亩有700～800元的保底收益以外，还有500余元不等的分红，给社员的生活提供了保障，提高了村民对合作社的信任，增强了集体的凝聚力和向心力。2023

年，合作社入社农户68户，入社土地422亩，越来越多的村民由一开始的犹疑、观望变得支持、信任，合作社也以丰富的经验和技术为依托，以高度的使命感和责任感带动更多的村民共同富裕。

2022年，于书森自上而下推广大豆玉米带状复合种植模式，但村民对此模式多有怀疑，不愿轻易尝试，于书森率先垂范，采用玉米、大豆"4∶4"模式种植了230亩。由于缺乏成熟的技术，杂草防治上困难重重。于书森经过刻苦钻研和多次尝试后，采用隔板方式对大豆、玉米分别喷药除草，基本实现了"玉米不减产、多收一季豆"。于书森同村民一起去田间地头观察作物生长情况，帮助村民解决技术难题，主动和村民分享农药品牌和喷施农药的技巧，获得村民的一致好评。

同年，于书森开始尝试由单一种植向多样化种植转变。合作社与青州山福食品有限公司签订定向种植合同，进行了葫芦种植并获得丰收。合作社实行"三统一"经营管理模式，保证了质量，提高了产量，增加了收入。一是统一技术。由于书森牵头，组织村内几个种植能手和公司技术指导员共同组建了一支技术队伍，认真研究于店村的土壤、气候等基本情况，利用共享的知识和经验，及时防治病虫害，探索高效、高产的成功经验。二是统一品种。根据本地的实际情况和公司指导员的选种建议，对社员种植的品种进行了统一，依照国家标准定期对农产品进行质量抽检，在保证质量的同时，最大程度地提高作物产出。三是统一销售。产品成熟后，采用"机械为主，人力辅助"的模式，统一机械化收割，并将种植的葫芦统一销售给公司。掌握大量种植经验后，于书森积极推动村民的葫芦种植培训，给想要种植葫芦的村民提供全套的指导，葫芦成熟后，满足公司要求的葫芦，由合作社统一帮村民销售，解决了销售难的问题。

一村富不叫富，以合作社为载体，以多年积累的丰富经验为依托，积极探索多元化、可复制的发展模式，带动更多村庄共同富裕是于书森的发展目标。他将继续扎根在这片充满希望的土地上，探索"合作社+互联网+文化"一体化的发展模式，为保障国家粮食安全和农民共同富裕，交出乡村振兴齐鲁样板的"于店答卷"。

敢闯敢干 与时俱进

——记平原县高素质农民张正勇

张正勇,男,农民农艺师,平原县永康温馨家庭农场负责人,平原县新型农民产业发展协会会长,平原县政协委员,"平原县最美农民",德州市"十佳新型职业农民"。

一、强顶压力包撂荒

2013年新型职业农民的春风吹遍平原大地,张正勇非常珍惜平原县农林局争取到的来之不易的大好机遇,全程认真参加了培训,进一步解放了思想,提高了对农业供给侧结构性改革的认识。在导师的精心指导下,找准新型职业农民的发展目标,高起点规划,远距离定位,用平原县首家"永康温馨家庭农场"的诞生向平原县农广校领导交出了一份优秀的答卷。农场注册后,他毅然拿出多年来的全部积蓄,承包了大片"撂荒田",发展果蔬种植,在和员工们的共同劳作下,农场逐见成效。

二、不断学习提能力

2013年,张正勇参加德州市新型职业农民培训班,顺利结业并被评为优秀学员;2018年,参加德州市新型农业经营主体带头人培训班,顺利结业并被评为优秀学员;2019年,自学考入泰山职业技术学院学习,2022年,取得园艺技术专业专科毕业证书;2023年,参加山东省乡村产业振兴带头人培育"头雁"项目培训班,走进山东农业大学、西北农林科技大学实践与理论学习;同年,学历再提升,参加山东农业大学专升本学习。

三、农业结构巧调转

随着时间推移，农场果树逐渐长大，修剪和植保又成了大问题，张正勇认为年年请人修剪不如自己学通学精。2018年，他开启了学习之旅，跑去滨州市沾化区学习冬枣管理技术，去烟台市学习苹果管理经验，到肥城市学习桃树管理技巧，把每一个细节都记在本上记在心里。在不断提升果树管理技术的基础上，进一步完善了农场的功能区建设。他把整个园区划分为百果园、垂钓园、珍禽园、蔬新园和培训苑五大功能区，经过精心培育、科学管理，果蔬长势理想、家禽自然生长、培训运营正常。2018年9月，在丰收节上张正勇被授予"平原县最美农民"称号；同年9月，农场被评为"山东省职业农民乡村振兴示范站"；10月被评为山东省"行走齐鲁"中小学生研学基地会员单位。2021年4月，农场获得"德州味"区域公用品牌授权企业。2022年，农场获评"新型农业经营主体双百提升工程实施主体单位"。2023年，农场入选德州市"农民田间学校"。

四、转型升级赶潮头

根据社会发展需求，兼顾学生意愿，确定培训专业，不断创新培训模式，一是"三个结合"，即集中培训与分散学习相结合、培训内容与就业需求相结合、分段培训与阶梯培训相结合。二是实用的培训方针，农民通过集中培训、分散实践、边学边干等形式，逐渐成为这一行业中的能手，带动更多的农民致富。三是培后巡查制度，成立技术服务小队，服务到每一位农户，帮助他们对培训知识进行巩固，并对所发现的问题及时解决。对生产中的难题，由专家技术组研讨，找出切实可行的方案，尽最大努力把高素质农民培训的成果转化为父老乡亲的生动教材，最终赢得了大家的认可和尊重。近年来，在园区举办果树修剪技术交流与植保管理培训班，培训1 500余人次，依托实训基地培训高素质农民电商学员2 700余人次，农业合作社规范化提升培训2 200余人次，高素质农民现场教学4 000余人次。

谈到下一步的发展，张正勇表示，新时代呼唤新农村，新农村期待高素质农民，唯有矢志不渝、笃行不息，方能不负时代、不负人民。借助乡村振兴的东风，打造"山青水绿春常在，鸟语花香绿无边"的农场新天地。

肯实干创新篇　为农服务尽心田
——记宁津县高素质农民贾风照

贾风照，男，汉族，1979年10月出生，中共党员，中专学历，现任宁津县兆丰种植专业合作社负责人。多年来，他注重学习，加强实践，掌握了粮食作物、经济作物以及苗木种植等农业方面的先进技术和管理经验，为服务于民积累了宝贵的经验财富。作为一名共产党员，贾风照时刻以共产党员的标准严格要求自己，牢记"全心全意为人民服务"的根本宗旨，以身作则，率先垂范，时时处处心里装着百姓，为村民办实事、办好事，赢得了群众的一致好评。

一、创办合作社，带动村民共同致富

在土地上做文章，向土地要财富，带领乡亲们共奔小康路，这是贾风照内心坚定的理想信念。2015年，他带领5人一起创办了宁津县兆丰种植专业合作社。合作社注册资金100万元，共流转土地450亩，其中，种植章丘大葱20亩、精品黄心马铃薯18亩、北美海棠10亩、原生白蜡10亩、原生国槐

20亩、垂柳10亩、小麦和玉米362亩。合作社实行统一种植、统一管理、统一销售的模式，平均每亩土地增收400多元。截至2022年底，合作社由最初的6人发展为125人，实现销售收入186万元，净利润33万元，每年可带动50余名劳动力就业，让乡亲们足不出村就能挣钱到手。合作社2021年被评为"农民专业合作社市级示范社"，2022年被评为"农民专业合作社省级示范社"。

二、聚焦科学种植，争做新时代农民

长官镇当地种植业主要以传统作物小麦、玉米为主，贾凤照深刻意识到合作社增产创收的关键在于技术提升。为此，在合作社成立初期，他多次参加农业农村部门组织的种植技能提升和经营管理知识等方面的学习，开阔了视野，拓展了思路，积累了更多宝贵的知识财富，理论知识、实践经验都有了进一步提高，更进一步增强了他带动一方百姓共同致富的信心。在培训学习的同时，结交了许多创业青年朋友，互通信息、资源共享，拓宽了发展空间。他利用所学现代农业种植知识，实施科技种田，降低投入成本。一是在品种选择上，选品质好、产量高、适宜本地土壤性质的优质品种。二是应用测土配方施肥技术，使肥效发挥到最大化。三是利用飞防、喷灌等新技术，减轻劳动强度，节省劳动力。2022年，他积极响应政府号召，带头进行玉米、大豆套种模式。利用半年多的时间，他通过翻阅大量书籍，去兄弟合作社实地交流探讨，掌握了许多新型种植模式的宝贵经验，间套种植的玉米株型紧凑，大豆茎秆粗壮，实现了玉米、大豆双丰收。

今后，他将带领合作社成员以订单种植为主导产业，对合作社成员及农民进行技能提升，形成一支具有现代农业生产水平的高素质农民队伍。使农产品成本低、质量优，具有较好的市场竞争力，从而获得较高的经济效益。为促进农民增收、增效起到桥梁和纽带作用，把合作社的作用发挥到最大化，为新农村建设做出更大的贡献。

为国家粮食安全保驾护航

——记庆云县高素质农民石青阵

一年之计在于春，春耕春管正当时。2023年3月中旬，庆云县东辛店镇石高村村民石青阵一大早便来到田里，伴随着呲呲的喷雾声，石青阵背着打药机往返于麦田间，所经之处，雾化农药均匀地喷洒在返青的麦苗上。"分蘖多，抽穗多，收成就高，今年小麦长得不赖！"石青阵蹲在麦田里，拔出一棵麦苗轻捻分蘖，"墒情好，苗情好，现在麦苗一天一个样，得根据长势安排打药、施肥、浇水。"与农技专家一见面，不善言辞的石青阵显得有些拘谨，说起小麦管理他便打开了话匣子，眉飞色舞地念起自己的"种田经"。

自参加高素质农民培训以来，石青阵的脑海中就有了规模经营的念头。瞅着德州市"吨半粮"生产能力建设的时机，他又在村里流转了土地，搞起了规模化种植。理念要先进，管理也要科学，以前种地靠经验，现在得

靠科技，必须一地一策。石青阵特别注重整地质量，在小麦播种前先耕两遍地，同时把传统的密集条播改为宽幅精播，既有利于根系发展，又能够做到地块不板结，提高小麦抗寒性。在管理阶段，他抓好肥水调控和一喷三防，根据土壤墒情和苗情，决定浇水和追肥次数。

经过石青阵的精细管理与科学种植，土壤有机质不断提高，粮食产量大幅提升。2023年，小麦亩产781.23千克、玉米亩产977.07千克，两季亩产合计1 758.3千克，成功斩获庆云县"粮王"荣誉称号，获奖金5万元。"粮王"能种出高产的粮食，靠的是一身过硬的技术。据不完全统计，自参加高素质农民培训以来，石青阵已外出学习农业技术、惠农政策几十次。2022年，石青阵又参加了高素质农民培育省级示范性培训粮食专题班；2023年，石青阵被评定为"农民助理农艺师"，这位"土专家"也戴上了高素质农民的"职称帽"。

"粮王"学来的真本事，也让周围农民受益匪浅。村里的乡亲们看到石青阵的丰收成果，种粮的积极性空前高涨。"当前气温回升，病虫害将陆续进入高发季节。今年小麦生产和气候条件特殊，茎基腐病、纹枯病、麦蜘蛛等病虫害进入高发期。"石青阵正在为村民面对面地讲解如何做好当前小麦病虫害防治，降低中后期重发流行风险。"乡亲们遇到啥问题都来问我，我也愿意跟他们一起研究解决，现在产量都提上来了。"对于乡亲们请教的种植问题，石青阵毫不吝啬地帮大家解决。

谈到今后的计划，石青阵信心满满："新的一年，我要继续科学种植，再有培训机会，我还要去！争取再得个全市'总粮王'，带动父老乡亲种粮的积极性，让我们的生活更有奔头！"

引领乡亲致富　赋能乡村振兴

——记平原县高素质农民宋长征

宋长征，男，农民农艺师，平原县王凤楼镇小宋村人，现任平原梦想苗木种植专业合作社理事长。2021年，获得"平原县最美农民"荣誉称号；同年，被评为"齐鲁乡村之星"。

一、挂牌成立合作社，发挥示范带动作用

2014年，宋长征挂牌成立了平原梦想苗木种植专业合作社，合作社的宗旨就是指导农户的林业种植，让农户种出好的树苗，然后把树苗及时销售出去。再就是扩大种植面积，使树苗种植成为一方特色。合作社成立后，宋长征更加注重学习，先后参加了山东省新型农民创业培训、德州市新型职业农民培训、德州市新型农业经营主体带头人培训，增长了专业知识，提高了营销技能。苗木管理关键时期，他常在田间地头根据苗木生长情况合理施肥，发现苗木病虫害，及时指导农户进行有效防治。截至2023年7月，合作社种植苗木及经济林400余亩，每年为社员联系销售苗木6万株，解决了社员苗木销售难题，带领社员共同致富。因合作社苗木经营效益良好，引起当地政府的高度重视，并在全镇发起规模种植，建成了苗木种植基地，种植面积达到5 000多亩，苗木种植成了平原县王凤楼镇的一个品牌产业。

二、规范合作社发展，大胆采取统一模式

合作社理事会根据当时合作社的实际情况，经反复研究，大胆提出统一模式。一是统一价格，就是引进品种苗木价格一样，卖出的树苗价格一样，这样就从根本上解决了一家一户价格高低不一样的问题，降低了购销成本，防止出现坑蒙宰客的现象。二是统一防治，一旦发现病虫害，先确诊后用药，科学防治，统一喷洒。这就解决了一家一户滥用药的弊端，

从而降低了成本，加强了防治效果。三是统一销售，从根本上解决一家一户销售难点，组织销售人员常年外出找销路、定客户，使合作社的苗木销售到河南省、河北省、天津市、内蒙古自治区等地。近几年，不论是市场疲软还是热销，合作社的苗木都能及时销售出去，大大地提高了群众种植苗木的积极性。

三、开展培训指导，带领村民科学种植

根据不同的季节，宋长征每年举办4次学习班，给种植户普及苗木病虫害防治和

修剪知识。同时，对个别种植户出现的个性问题采取个别指导。几年来，他还先后5次组织村民到寿光市、北京市等地参观、学习，让大家开阔了眼界，学到了先进的种植管理技术，提高了种植户的经济收入。新冠疫情期间，他聘请专家通过线上授课、线上技术指导、线上经验交流等方式，对种植户开展继续教育和技能培训，让他们成长为掌握一技之长的苗木专家。近几年，全村仅种植苗木人均收入达到了2.5万元，对全村的经济发展做出了突出贡献。

做高素质农民　当致富带头人

——记乐陵市高素质农民冯秀华

冯秀华，男，中共党员，现任乐陵市冯秀华家庭农场场长。他是乐陵市西段乡木头王村一名地地道道的农民，从开始种植自家几亩责任田，到流转土地180余亩，一步步地走向规模化、专业化粮食生产道路，成为西段乡家喻户晓的致富能人。

由于外出务工人员增多，在家从事农业种植的劳动力严重不足，许多农田面临抛荒和地力退化，他看在眼里疼在心里。在国家农民教育培训政策的惠济下，他积极参加高素质农民培训班，学到了科学的种植技术、详细的涉农政策和先进的经营理念，使他对走好农业种植这条路有了足够的信心。与土地打了几十年交道的冯秀华盘算着："这么好的地荒芜了多可惜啊！民以食为天，农业是国民经济的基础，粮食是农业的根本。我何不把外出打工人员的地承包过来，让他们能安心地在外工作，还能增加收入。"说干就干，当年就承包耕地100余亩。由于严格管理，科学种植，当年产生了良好的经济效益，尝到甜头以后，更加坚定了他种粮的信心和决心，他的示范带头作用也为当地群众吃下了"定心丸"。

种植面积确定后，如何最大限度追求产量是每一位种粮农户的心态。如何抓好粮食优质高产，冯秀华靠的是三点：一是技术。乐陵市农技专家每年都对西段乡种植大户进行农业生产全流程的技术指导，他充分利用专业培训、现场讲解、专家解答、田间指导等机会，认真聆听，详细记录。村民没有领会技术要点的，他用勤奋实践得来的知识无私地帮助他们。有了这些科技服务的保障，他和老百姓心里都有了数，出现问题也不慌了。二是选种。结合本村土地情况和多年实践经验，小麦选择峰川9号、玉米选择沃玉3号、红薯选择烟薯23良种进行播种，为增产增收奠定了基础。三是机械化。在流转耕地面积不断增多的过程中,他最为难的是"双抢"时节劳动力严重匮乏。特别是在临近收获季节,由于缺乏劳动力不能及时收割庄稼,严重制约着农户规模种粮积极性。他主动找农机部门联系,筹集资金购进了播种、收割等全套机具,进行田间机械化作业,提高了粮食生产效率,破解了劳动力匮乏的问题。

梅花香自苦寒来,经过几十年的打拼,冯秀华成为当地远近闻名的种粮能手。2022年1月,他成立了乐陵市冯秀华家庭农场,主要种植玉米、小麦,种植面积达到180余亩。同年,全市开展大豆玉米带状复合种植试点工作,他积极响应政策,根据农业专家的技术指导大胆开展尝试。购置专用播种机械,根据土地状况选择了4∶4种植模式,结合多年的种植经验和科学规范的管理,试点田喜获丰收,亩均增收200元。圆满完成试点任务的同时,提高了周边农户种粮的积极性,稳定了粮食生产大局。

作为一名共产党员,冯秀华政治立场坚定,政治品质优良,在乡村振兴的主战场上,以敢想敢干的精神,以克难攻坚的勇气,一步一个脚印地勇往前行。他充分发挥自己的特长,引导当地群众走上种粮致富之路,加快了农民增收致富奔小康的步伐,以实际行动践行了一名共产党员的先锋模范作用。

致富路上多面手

——记临邑县高素质农民刘公玉

刘公玉，男，1978年6月出生，临邑县临南镇刘双庙村人，从事农业种植20年，现任临邑县临南镇佰福康家庭农场场长、临邑姜理远农业种植专业合作社理事长。临邑县临南镇佰福康家庭农场2020年被评定为"家庭农场省级示范场"，2021年被评为德州市"养殖农业协会会员单位"，2021年被评为"德州味"授权企业，2022年被评为德州市"双百提升示范农场"。

2018年，刘公玉出资总额100万元，发起成立临邑县临南镇佰福康家庭农场，农场位于临邑县临南镇，占地总面积615亩，目前拥有刘双庙和夏口街两处蔬菜生产基地，建有高标准日光温室大棚、拱圆棚近40个。农场建有以智慧物联网为基础的数据大平台，可以现场查看，可以溯源，可以查验。农场拥有国内目前唯一的智慧物理农业示范园，在物理农业领域走在了全国前列。农场年经营收入458万元，其中销售生猪收入50万元,销售鹅、鸡收入8万元,销售蔬菜收入400万元。

  农场采用科学的方法,以生态学、环保学、社会学为基础,生产无公害蔬菜。蔬菜销售采取会员制订单方式,定期向会员配送无公害蔬菜,每个会员通过手机小程序,能够实时监控蔬菜种植的全过程,让会员看着放心、吃着舒心。同时,与济南市大型公司、企业合作,采用认领日光温室大棚的形式,提前交付定金,包销全部产品,这样既保证了其能够享受到安全的蔬菜产品,也降低了合作社的销售成本。目前正在探索蔬菜自动售货机进行蔬菜销售的新模式,进一步拓宽销售渠道,降低生产风险。

  农场推广应用空中机器人授粉、臭氧杀菌杀虫、高压静电除湿、声波助长、太阳能增温等物理循环技术。实现了无毒无污染,减少了病虫害的发生,降低了化肥、农药使用率,减少了用工,提高了产量,提升了质量,收益率提高了50%以上。农场饲养的土鸡、香猪、大鹅等畜禽基本不喂食饲料,散养在园区内的空闲地带,这样既清除了杂草,又节省了人工成本,实现了种养生态循环模式。生产的韭菜、番茄、辣椒、黄瓜、茄子、白菜、草莓、芹菜8个产品获得无公害农产品认证,年产无公害蔬菜1 500余吨,同时也带动山东省等地众多种植基地将物理循环技术用于生产,带动周边60余个农场每年增收30%以上。

  现在,作为入党积极分子的刘公玉更是以身作则,把为人民服务的理念常挂心间。不论村民还是村集体遇到什么困难,他总是鞍前马后冲锋在前。用他自己的话说:"成立合作社,受到了党和政府的各项政策福利,自己的日子越来越好,更让我感受到为民服务的责任感和重要性。积极地向党组织靠拢,更好地为父老乡亲服务,让他们过上更加舒舒坦坦的好日子,这才是我不懈奋斗的目标和使命。"

赤诚诠释初心　　实干践行使命

——记庆云县高素质农民周庆曾

周庆曾，男，1973年12月出生，中共党员，高中学历，现任庆云县崔口镇周辛村民意土地股份专业合作社理事长。因工作成绩突出，周庆曾被评为"庆云县好人之星""德州市红旗农村党组织书记""德州市乡风文明先进个人""齐鲁乡村之星"等；其领办的庆云县崔口镇周辛村民意土地股份专业合作社先后获评"庆云县十佳新型农业经营主体""庆云县优秀农民专业合作社""农民专业合作社市级示范社"。

一、整合资源，探索发展合作社

产业兴旺是乡村振兴的决胜之举和关键之要，是推动乡村振兴不断发展的源泉。2017年9月，周庆曾同本村村民周庆东、周庆信等5人成立了庆云县崔口镇周辛村民意土地股份专业合作社，当时入社的成员有60余人，入社土地250余亩，主要以种植小麦和玉米等粮食作物为主。

合作社自建立初期，就以"为耕者谋福利"为宗旨，发展规模化农业生产经营，集约化生产小麦、玉米等粮食作物。合作社有办公室、晒粮场、机械储备库等固定场所。在周庆曾的带领下，合作社经过近6年的发展，现已吸纳发展社员160余人，入社耕地700余亩，现代农业生产设备10台（套），资产总额130万元，年经营收入110万元。

二、规范运营，科学管理促增收

合作社自创建以来，紧紧围绕"科技兴农，产业致富，生态文明"的发展目标，建立了完备的财务监管、生产经营等相关制度。为提高自身素质素养，周庆曾和合作社骨干先后参加了高素质农民培育、科技示范主体培训等。他认真学习政策法规，研究新型经营主体发展方向。结合崔口镇得天独厚的自然气候优势，与县种子公司合作进行小麦育种。每千克价格比普通小麦高出0.6元，每亩收益在1 650元左右，现已发展小麦育种面积400亩。同时，积极调整种植结构，发展水果玉米种植，每亩收益约2 460元，彻底解决了传统粮食种植效益低、抗风险能力差的难题，入社群众保底分红为每亩每年200千克小麦+200千克玉米。目前，合作社30余套收割、播种、运输、喷药、灌溉等机械为广大农户提供农业服务，年服务面积可达10 000余亩。他还通过发展订单农业，与滨州市高筋小麦回收厂、莱州市种子公司签订订单合同，实现合作社收益大幅提升。

三、不忘初心，回馈村民树新风

"不忘初心、牢记使命"，合作社创收了，周庆曾及社员牢记创社的初心，服务于民、造福群众。自2022年春节开始，合作社每年为周辛村80岁以上老人送上食用油和面粉，并为入社的村民按照每亩土地30元的标准发放早餐卡，截至2023年8月，累计发放早餐卡金额2.1万元。同时，合作社定期举办饺子宴等活动，为入社群众及村内老人谋福利，得到了入社成员及群众的一致肯定。

周庆曾创建了"大槐树讲堂"，自发在大槐树下讲解群众所需的理论政策，让群众真正懂政策、用政策；积极组织开展"好婆婆，好媳妇"评选表彰活动，弘扬互敬互爱、互让互谅的家庭美德，使每个家庭真正成为中华民族传统美德的传承者，社会主义道德规范的实践者。

对于未来，周庆曾信心满满，"下一步继续扩大合作社种植面积，力争在2024年底实现种植总面积1 000亩以上，另外规划100亩的采摘基地，建设高标准温室大棚，发展草莓、哈密瓜、葡萄等水果种植，与休闲旅游相结合，发展乡村采摘，把合作社做大做强，带领乡亲们在乡村振兴的道路上走得更远。"

乡村振兴志不移　创业致富树样板

——记夏津县高素质农民李家兵

李家兵，男，1971年4月出生，大专文化，农民农艺师，中共党员，夏津县新盛店镇拐尔庄村人，现任夏津县新盛店镇自强农作物种植农民专业合作社理事长、夏津县人大代表。

一、选准时机，发展规模种植

因为农民收入增速缓慢，外出务工人数逐年增加，青壮年劳力逐年减少，耕地出现种上后无人打理，靠天决定收成，甚至出现撂荒现象。党的十八大后，中央陆续出台鼓励土地流转和发展新型农业经营主体的好政策，李家兵看到了机会。"作为农民怎么能不跟土地打交道，怎么能让土地撂荒呢？那将来吃什么？他收地租我得粮食，还可以为国家粮食安全做贡献，这样的好事，为什么不做呢？"正是怀着这样朴素的想法，2013年底，李家兵成立了夏津县新盛店镇自强农作物种植农民专业合作社，毅然集中流转土地800余亩，搞起来了粮食规模化种植产业。

二、外出学习，应用先进技术

李家兵成立合作社后，经常和周边种粮大户讨论如何丰产增收，还借助新型职业农民培训的好机会，认真学习种植技术和管理知识，实地考察学习他人的成功经验和做法。功夫不负有心人，他创新采用了小麦无畦全密种植新模式，比周边农户提高土地利用率10%以上，产量也随之明显提高。他深知要想使农业增产丰收，良种良法良肥一样都不能少，于是优选良种、高效低毒农药、优质化肥、管道灌溉、秸秆还田、宽幅播种、多层施肥等绿色先进新技术，在他的800余亩土地上轮番上演，不但节水、节药、节肥，还培肥了地力，保证了农产品质量。他又先后投资100余万元，购置了拖拉机、旋耕机、施肥机、飞防机等30余台（套）先进的农业机械。在耕种防收环节更是一律采用机械化作业。他的无畦种植新模式，降低了机械调头和空转次数，提高了劳动效率，降低了人工成本，比周边农户每亩节省投入100余元。2022年，李家兵的合作社粮食总产量达到1 200多吨，超额完成了"吨半粮"创建目标任务，实现经济效益近400万元。

三、率先垂范，带领群众致富

周边农户看着李家兵把良种良法良肥技术在土地上发挥的淋漓尽致，李家兵成了大家眼里的技术能人。作为村里的致富先行者，如何带领群众走上共同致富之路，是他不断思考和不断实践的。每当有新技术、新品种推广，他先是在自家的田块种植，进行试验示范，待试验成功后，再教群众如何做。试验示范的风险留给自己，新的实用技术推广给大家，使大家能够共同增收致富。目前，他的合作社成员达到110余人，用工全部是在家留守不能外出务工的家庭妇女，合作社为她们提供了就业岗位，既增加了她们的收入，还不耽误照顾老人和孩子。2020年12月，他的合作社被评为"农民专业合作社省级示范社"。

四、展望未来，做大做强产业

李家兵政治素质过硬，思想品质优秀，多次受到市（县）领导的表扬。下一步，他决心再流转土地500亩，建一个良种培育基地，为群众培育出抗病、抗虫、抗干旱、耐盐碱的优良作物品种，争取年总经济效益500万元以上，从而辐射带动周边更多的农户增收致富。"眼看着农村变得富强而美丽，虽然苦点累点，但是有满满的成就感和自豪感"，对于高素质农民李家兵来说，乡村振兴战略的号角已经吹响，未来的路一定会更加宽广。

精细管理　争创新高

——记宁津县高素质农民任廷勇

任廷勇，男，1971年11月出生在柴胡店镇崔杨村，2017年创办宁津县任廷勇家庭农场，占地面积260余亩。农场长期与山东鲁北种业有限公司、山东鲁宁种业科技有限公司合作，共同培育出品质优良的小麦良种，推广科学种植经验和科学管理模式。农场先后被评为"科技示范主体""食品绿色高质高效攻关基地"。任廷勇在2022年德州市举办的"粮王"大赛中取得市级第6名，荣获德州市"粮王"称号。

一、学习先进技术方法，聚焦科学种田

勤于学习，善于思考，学以致用。在拥有多年种田经验的基础上，任廷勇仍潜心学习，敢想敢闯，不断摸索管理农场的新方法。近年来，他先后参加山东省高素质农民、山东省新型农业经营主体带头人、山东省乡村产业振兴带头人培育"头雁"项目等多个培训班，学习先进、科学的种田和管理理念，并将之运用到实际操作中，稳步推进了家庭农场健康发展。农场积极引进小麦粮种10类、玉米粮种9类，推广冬小麦宽幅精播高产技术、绿色防治病虫害技术、玉米一防双减技术、玉米病虫害节本增效防治技术、小麦玉米秸秆全量粉碎还田模式等新技术，并通过县、乡、镇种植大

户交流会,积极向广大种植从业人员推广。

二、坚持精细化管理,保障粮食安全

从2017年开始,任廷勇始终坚持精细化管理模式,每天都到田里查看庄稼生长情况,看出苗、查抗旱、防虫害,一旦发现问题就做好记录,分析原因积极思考解决办法。他还邀请农技专家开展农情调查和技术指导,全面掌握苗情、墒情、草情、病虫情等信息,因时、因地、因苗精准施策,科学抓好追肥、除草、防病治虫等田间管理措施,确保作物安全、高产。他还应用家庭农场"随手记"记账软件,推广智慧农业,加强成本核算,不断提升农场的规范化、精细化管理水平。他详细记录各项生产支出、收入、债权债务等情况,通过手机随时随地查看账目,花费、收入一目了然,并且记手工账本,进行分析研判,科学控制生产成本,减少不必要的花销。农场2022年小麦总产量150吨,玉米总产量180吨,在德州市举办的"粮王"大赛中取得市级第6名,荣获德州市"粮王"称号并获奖励金5万元。

三、创新经营兴产业,勇当助农"领头雁"

作为一个生在农村、长在农村、干在农村的高素质农民,任廷勇在创建农场成功的同时,始终不忘带领乡亲们共同致富。他利用自身的种田经验,随时解决农户遇到的难题,并指导周边农户改变种植模式、提高种植效益,助力周边农户提高收益。同时,他还为农户讲授最新农业生产知识和农场经营管理理念,受到农户的一致好评,在实现自身价值的同时勇当助农"领头雁"。他还依靠现代化网络科技,打造产、供、销等全产业链农村种植致富模式,实现网上销售自产的石磨面粉和用于烹饪的玉米等农产品,让纯天然、无公害的农产品从田间地头直接进入百姓厨房,年纯收入达到60余万元,在他的带领下,周边农民的种植积极性空前高涨。

"创业致富,才是出路",这是任廷勇一贯坚持的观点,他把自身的发展和其他群众发展联系在一起,勇敢地扛起带头致富的这面旗帜,为乡村振兴做出了突出贡献。

小蜜薯　大产业

——记夏津县高素质农民赵华锐

赵华锐，男，1979年5月出生，中共党员，退役军人，现任夏津县后赵庄红薯农民专业合作社主要负责人、夏津小松薯食品有限公司总经理、夏津县人大代表，先后被评为"夏津县好人之星"、"德州市乡村好青年"、德州市"十佳新型职业农民"等。

一、返乡创业，助力合作共赢

后赵庄村地处黄河故道区域，20世纪60年代，村民为果腹，红薯作为主食被广泛种植，后来成为该村的主要经济来源，也成为一个传统特色产业。2008年，该村组建了夏津县后赵庄红薯农民专业合作社，希望能带领群众共同致富。但由于受到信息技术、文化水平、营销理念等条件的限制，合作社发展不够理想。2016年，在外经商的赵华锐回到家乡，担任夏津县后赵庄红薯农民专业合作社主要负责人，发展红薯种植、储藏及农产品销售产业。2017年，他带领合作社骨干经外出考察、多处咨询调研后，

确定开展红薯深加工项目，拓宽农民增收渠道，使当地农民通过红薯种植与加工提高收入，实现共赢。随着红薯产业的壮大和发展，该村建成占地近30亩的大型红薯批发市场，内有400平方米的交易大棚4个，内设物流公司和配货站，红薯种植销售大户和红薯外销经纪人常年入驻，成为远近闻名的红薯集散地。

二、与时俱进，拓展红薯产业

2018年，赵华锐成立了夏津小松薯食品有限公司，开始了薯干、冻薯等产品的深加工。同时，建成了一座大型钢构地窖，真正成为种植、储存、加工、销售一条龙的产业链。为满足发展需求，他又投资300余万元，建成了1 200余平方米的沿街楼和近400平方米的小松薯食品有限公司办公楼，扩大了办公场所，方便了与客商洽谈业务。目前，红薯深加工逐步进入正轨，已开发出鲜薯、冰薯、薯干、薯片、芝士蜜薯等10余种产品，年可加工红薯6 000余吨，并通过电商平台向各地销售，充分带动了周围村民对红薯深加工及电商销售的积极性。为提高销量，他组建了年轻化销售队伍20余人，包括线上线下等多渠道销售。线下烤薯店销售量增加的同时，线上阿里巴巴批发零售，使得红薯及加工品销往全国。2023年8月，培养主播6人，开展抖音直播带货，日销售20～30吨，相比传统电商，直播带货销售量及利润空间提高2～3倍。公司还带动周边剩余劳动力150余人，解决了剩余劳动力就业问题。如今，小蜜薯已成为当地村民的"致富薯"。

三、疫情防控，行动践行誓言

"若有战，召必回"。这是每个退役军人在告别军营时的誓言。疫情就是命令，防控就是责任。新冠疫情暴发以后，赵华锐积极响应号召，发扬"退伍不褪色、退役不褪志"的精神，立足实际，勇于担当，每天操控无人机对银城街道后赵庄村、香赵庄镇莫庄村及周边几个村庄义务喷洒药水杀菌消毒。通过微信、入户等方式向周围群众进行全覆盖、地毯式、无死角的疫情防控知识宣传教育，反复提醒村民做好防护措施，筑牢防控安全线。他还积极捐款、捐物，用实际行动生动诠释了军人"来之能战、战之必胜"的决心，为打赢疫情防控阻击战贡献自己的力量。

初心不改　桃李满园

——记武城县高素质农民郭东清

郭东清，男，1968年1月出生，武城县四女寺镇吕庄子村人，大专学历，任教18年后下海经商，现任武城县晟泽果蔬种植专业合作社理事长。

一、敢为人先，勇闯农业新天地

因自幼在农村长大，对黄土地有着深厚的感情，经商在外却心系家乡，郭东清一直寻找回乡创业的机会。2018年，抓住时机流转家乡土地500余亩，牵头成立武城县晟泽果蔬种植专业合作社。合作社经营标准化生态桃园面积240余亩，集约化粮食种植面积300余亩。郭东清始终坚持生态、绿色、可持续发展的经营理念，以生态示范种植为基础产业，覆盖果蔬采摘、苗木培育、休闲观光、统购统销等经营项目，打造集种植、销售、研学推广、乡村旅游和社会化服务于一体的农民专业合作社。目前，合作社已成功注册商标"醉仙林"，并通过无公害认证。合作社还先后荣获"农民专业合作社省级示范社""农业科技示范基地"等荣誉。郭东清个人荣获"2020年山东省农业领军人才"称号，并被选为山东广播电视台农科频道村级联络站记者。

二、鼎故革新，培育乡村新业态

合作社坚持科学种植，聘请山东省果树研究所、中国农业科学院郑州果树研究所、德州市农业科学研究院的专家定期为农户进行技术指导和跟踪服务。合作社通过举行种植户座谈会、外出实地考察学习等方式进行技术交流，既"走出去"又"引进来"。桃树种植采用宽行距套种模式，大大提高采光通风率，为打造立体种植养殖与现代机械化种植提供了必要条件，在可持续发展的基础上，力求打造成省内一流生态桃园。同时，在发展过程中，郭东清将农业与文化、生态、旅游等深度融合，创新销售理念，打造农业发展新业态。借助"线上+线下"双轨道平行式销售平台，强化渠道驱动，搭乘"互联网+新零售"顺风车，积极开拓新市场，拓宽农民增收渠道，获得更多全产业链增值收益。

三、饮水思源，铺就协同发展路

自合作社成立以来，郭东清积极响应国家号召，助推帮扶工作，设立"助农帮扶岗"，吸纳周边有劳动能力的困难村民就业，辐射带动周边群众200余人，提高他们的个人年收入约1.5万元。同时，积极推进合作社研学基地建设，加大基础设施投入，专设指导员1名、讲解员1名，在保证师生安全的基础上，提高师生研学体验及成果，先后接待学龄前及小学生等1 300余人次。2021年，合作社被评为"德州市市级中小学生研学基地"。

郭东清始终将全力服务于现代农业发展和增加社员收入为己任，注重提高社员科学文化素质与致富技能，增强社员的整体发展意识，对周边行业发展起到良好的辐射带动作用。同时，在主抓自身条件建设、提升自身经营能力的基础上，整合强化合作社功能，致力于打造产业链条完整、运行机制健全、带动作用明显、利益联结紧密的农业"新六产"省级示范主体，积极推进一二三产业融合发展，主动参与美丽乡村建设，为乡村全面振兴贡献力量。

乡村振兴·人才赋能

党建引领篇

村民心中的贴心人
——记德城区高素质农民周英亮

周英亮,男,德城区新华街道大刘庄村人,现任德城区新华街道新园村党总支书记。这些年,他把自己的青春和汗水都奉献给了家乡,发展产业园、建住宅楼、盖商场,一心带领村民闯出致富路子,村民每年人均分红达到了2.3万元,2020年11月被授予"全国劳动模范"称号。

1999年,周英亮当选为大刘庄村党支部书记,凭借新华工业园成立的东风,他带领村两委成员外出招商引资,共引进民营企业30余家,并投资建设了村集体企业和农贸市场,使集体经济进一步壮大,同时解决了村民就业难的问题。2003年,他又带领村两委成员开启了新农村建设的篇章,集体经济飞速发展,村民收入日益增多。集体经济不断壮大的同时,周英亮不忘初心,不忘为民服务的宗旨,在民生方面加大投入,为村民发放福利,为村民缴纳企业养老保险,他还建设了养老院,既为村民创业提供了平台,也为村民的养老解除了后顾之忧。从那时起,周英亮就成为村民人

人赞扬的好书记，村民心中的贴心人，同时大刘庄村也成了十里八乡人人羡慕的幸福村。

2009年，德城区实施两区同建，3个自然村（大刘庄村、小刘庄村、谭家铺村）合并为新园村，总人口达2 300余人，周英亮高票当选为党支部书记。"要想让村民过上好日子，就必须想办法让他们发家致富"，这是周英亮上任后的第一个承诺。2010年，周英亮带领两委成员响应政府"两区同建"的号召，开始启动旧村改造工程——新宜家园安置区，工程建筑面积40万平方米。2016年，总投资5亿元的"两区同建"旧村改造工程基本完成，村民全部得到安置，住上了崭新的楼房，游泳馆、商场、银行、养老院、水上公园、大型幼儿园等配套设施不断完善。同年3月，社区投资2 000万元建设了光伏发电项目，项目规模2.5兆瓦，年发电量约300万千瓦时，年收入约300万元。

在周英亮的带领下，大刘庄村从一个破旧落后的小村庄一跃成为高楼林立、经济繁荣、生活幸福的社会主义现代化新农村。2020年11月，周英亮被授予"全国劳动模范"称号，这是党和国家给予的最大鼓励和认可，村民也都为拥有这样一位好书记、贴心人而自豪。2021年，他带领着村两委成员大胆探索乡村振兴发展的新路子，根据村庄实际情况，在现有资源上继续发展产业项目，规划了占地830多亩的生态农业科技示范园，以打造观光旅游、农事体验、休闲采摘、科普教育为一体的综合性科技示范园，并着力打造特色的都市农业园区。现已投资3 000多万元，建成了占地150余亩的新园生态农业科技示范园区，种植了樱桃、草莓、无花果、葡萄、黄金梨、西瓜及各种蔬菜，并已正式开园运营。同时利用微信、抖音等新媒体进行宣传，着力打造自主品牌，截至2023年7月已实现收入200多万元。

周英亮在发展集体经济的同时，不忘带动周边村庄发展。他成立了区域党建联合体，开启了经济融合发展的模式，齐心协力实现区域经济融合创新发展，为乡村振兴贡献自己的力量。他表示，在今后的工作中他将"百尺竿头更奋进，扬帆鼓棹向蓬莱"，勇挑重担，开拓创新，力争在本职岗位上做出更大贡献。

干事创业先锋军　致富路上带头人

——记天衢新区高素质农民马峰

马峰，男，1972年出生，中共党员，现任天衢新区赵虎镇贾庄村党支部书记，德州经济技术开发区归然种植专业合作社理事长，山东省乡村产业振兴带头人培育"头雁"项目首期学员。

说起马峰，赵虎镇的村民并不陌生，他是镇上有名的致富带头人。多年来，在他的带领下，贾庄村告别了"小麦+玉米"的传统种植模式，村民集体转向种植大棚蔬菜。渐渐地，村民的钱袋子鼓了起来，从过去每亩土地纯收入不足1 000元，增加到了如今每亩地2万元，还能根据合作社当年效益获得年底分红。

天衢新区赵虎镇贾庄村位于赵虎镇中部，距离镇驻地4千米，人口603人，耕地约1 700亩，除农业种植外，主要发展水果和蔬菜大棚经济，并形成一定产业优势。2016年，在贾庄村党支部的引领下，他带领村民成立了德州经济技术开发区归然种植专业合作社，注册资金1 000万元，合作社现有冬暖室式大棚44个，春秋棚2个，占地面积350亩，社员股东100余户，主要种植番茄、小西瓜、草莓、甜瓜、圣女果等，由于近几年社员农户效益比较好，使附近县、乡多地农户来和合作社合作，直接引领带动农户200余户，合作社被评为"德州市放心农场"和"农民专业合作社省级示范社"。

现在的马峰浑身充满朴实的"乡土气息"，可20年前的他曾是一位创业成功的"马经理"。2004年，马峰成立了德州奥力机械有限公司，经过十几年的发展，公司经营得有声有色，年销售额达600万元。在致富路上，他始终不忘众乡亲，为村庄免费安装了路灯，并将自家房屋变为集体文化场所，为村民购买锣鼓、秧歌服装，丰富大家的文化娱乐生活。2014年底，他开启了人生的第二次"创业"，赵虎镇贾庄村两委换届，马峰被推选为村委会主任。"当了村委会主任后，我深感肩上担子很重，面对村民收入低、村集体基本上没有收入的情况，我总想寻找一条农民致富的出路。"马峰回忆道。马峰等人通过查阅资料、实地考察、外出学习，并结合本村资源优势，确立了大棚蔬菜种植的发展方向。2016年，由马峰主导的归然种植专业合作社成立，2017年，他当选为村党支部书记，贾庄村逐步走上了规模化蔬菜种植的致富新路。

合作社成立了，发展方向定了，选址、征地、建棚、资金等一系列问题接踵而来。对于认识不足、不愿流转土地的村民，马峰耐心地逐一劝说；在资金遇到问题时，他毅然自掏腰包垫付；为了不耽误种植时间，他带领村民亲自动手建大棚。"当时恰逢雨季，下雨了别人都往家跑，我们往地里跑，真是风里来雨里去。"回忆当初情景，马峰感慨万分。在马峰的带领下，仅用2个月的时间，20个蔬菜大棚在贾庄村拔地而起。随着蔬菜大棚的建成，种什么菜、怎么种等一系列新的问题又来了。有人说种黄瓜，也有人说种尖椒，村民们各执己见。面对这种情况，马峰积极与寿光市专业的农业服务公司合作，经多方面考察学习，总结出一套"公司+合作社+农户"的管理模式和秋季种植口感番茄及早春种植礼品小西瓜的轮作种植模式，形成了公司负责技术管理和销售、合作社负责组织协调、农户负责种植的现代农业发展模式。这样一来，既确定了入社村民为收益主体，又实现了统一化管理、产供销"一条龙"发展。合作社带领老百姓致富的同时，也给村集体增加了收入，使村党支部进一步增强了凝聚力、战斗力，在乡村振兴的道路上真正实现引领带动作用。

马峰说："一个人富不算本事，只有带领乡亲们都富起来，那才是真本事，这条路我将继续走下去。"在马峰的带领下，贾庄村将继续以合作社引领为发展契机，加大与科研院校的合作力度，全面提升农业产业化水平，吸引更多农民加入，扩大种植面积，推动合作社向规模化、产业化、品牌化方向发展，努力建设成为京津冀的放心菜篮子供应基地，打造成放心农产品种植、采摘、科普教育、休闲旅游观光为一体的现代农业科技园区，促进农民增收，助力乡村振兴。

守护自然资源　无愧初心使命

——记临邑县高素质农民范忠星

范忠星，临邑县兴隆镇兴隆村党支部书记，临邑县中兴家庭农场负责人。几十年来，他用实际行动践行着党员干部的实干担当，守护着美丽乡村的一方水土，先后荣获"山东省乡村产业振兴带头人"、"齐鲁乡村之星"、山东省"农民工之星"、德州市"'吨半粮'生产能力建设先进个人"、德州市"担当作为好书记"等荣誉称号。

一、铁腕保护耕地，双非违法"零新增"

土地是老百姓的"命根子"，18亿亩耕地更是牢不可破的红线。为坚决落实耕地保护责任，有效遏制违法占用耕地现象，范忠星严格履行"田长制"工作职责，积极学习上级耕地保护政策，重视宣传，落实巡查，时刻守牢耕地保护红线。他不但与其他村的村级田长沟通学习，还经常自费到先进地区学习交流耕地保护的好做法、好经验，坚决遏制耕地"非农化"，严格管控耕地"非粮化"。在范忠星的不懈坚守下，兴隆村违法图斑实现了零新增、零通报，耕地保护深入人心，形成了"保护耕地光荣，破坏耕地可耻"的良好氛围。

二、坚持改良土地，粮食产量步步高

近些年来，他带领村民代表到周边先进地区实地调研考察，借鉴先进经验，结合当地实际，借力新农村建设、两区同建、棚户区改造、美丽村居建设等政策，

规模流转土地3 000余亩，领办创办临邑县鑫旺绿色有机蔬菜种植专业合作社、临邑县中兴农机专业合作社、临邑县益泽鑫农业综合服务中心等农业合作组织，与山东绿量种业有限公司签订了小麦良种繁育合同，与山东龙力生物科技股份有限公司签订了"订单玉米"生产合同，采取"合作社+基地+农户"模式，为周边群众提供"六统一"土地托管服务，大力发展"订单农业"。2023年，范忠星与中国农业科学院德州盐碱土改良实验站建立了合作关系，成立了测土配肥站，让全镇的耕地吃上了因地制宜的"定制餐"，改良村镇盐碱地、涝洼地200余亩，大幅提升了粮食单产。

三、盘活自然资源，"三资家底"厚起来

2021年，村庄合并融合发展，为了保住各村自然资源不流失，发挥最大效益，范忠星带领各村两委党员干部，开展"三资"核查工作。村庄融合之后，范忠星整合原自然村合作社资源，吸纳136户新成员入社，推行"科研院校+企业+村集体+合作社"发展模式，与山东省农业科学院建立合作，对清理出来的闲置耕地80亩、坑塘32亩，进行整理盘活，再引入社会资金进行治理提升，发展鱼藕混养、果树种植，开发立体农业，搭建种、收、售一体化平台，实现村集体增收50余万元。

四、全力守护湿地，河湖生态更靓丽

范忠星始终秉持着"绿水青山就是金山银山"的理念，坚守在湿地保护一线。清淤疏浚、排污口清查、拦河渔网清理、漂浮物打捞，每一桩每一件，他都亲力亲为。一双黑雨鞋，一身迷彩服，"泥巴裹满裤腿，汗水湿透衣背"，这就是他的常态。在土马河湿地公园建设工作中，对于少数群众随意侵占河岸河坡的行为，范忠星逐家逐户耐心细致做思想工作，引导群众自觉爱河护河，将开荒的河岸河坡进行清理，恢复原貌。他带领党员干部志愿者，出工出力，配合党委、政府顺利完成河岸护坡，绿化亮化，河道清淤贯通，建设景观小品等配套工程，让湿地水更清、岸更绿、景更美，实现了从小河沟到美丽湿地的华丽转身。

心系百姓践初心　　强村富民担使命

——记平原县高素质农民王笃春

王笃春，男，中共党员，1974年10月出生，现任平原县腰站镇锅培口村党支部书记，平原县腰站镇锅培口土地股份专业合作社、平原县供销泽丰农业服务有限公司、峰瑞高禀（山东）农业发展集团有限公司负责人，先后被评为"平原县最美农民""平原县诚信之星""德州市乡村之星""齐鲁乡村之星""山东省担当作为好书记"。

一、领办合作社

锅培口村共有土地1 700亩，人口1 115人。土地是农民最大的依靠和村庄最宝贵的财富，如何由过去"土里刨食"变为"地里刨金"，让农业"成为最有奔头的产业"是他最大的愿望和追求。在他的不懈努力下，锅培口村成立党组织领办创办合作社——平原县腰站镇锅培口土地股份专业合作社，建立村集体与群众利益紧密联结的"5311"利润分配机制，实现"支部有作为、党员起作用、集体增收入、群众得实惠"的叠加裂变效应。2020年12月，合作社被评为"农民专业合作社省级示范社"，仅2022年村民每亩地收入1 600余元，村集体增收11万元。

二、发展订单农业

2018年7月，王笃春成立了平原县供销泽丰农业服务有限公司，注册资金600万元。公司是立足"三农"、服务百姓、利国利民的新型农业社会化服务组织，为周边农户提供耕种、植保、收割、粮食烘干、贮存、销售一条龙服务。发展订单农业，有了企业订单收购做支撑，小麦不再愁"嫁"，推行预付款制度，粮食装车后预付80%账款，到厂后支付剩余20%，减少了资金回流中存在的风险，为村民打通产销对接"最后一公里"。

三、调整种植结构

2019年10月，王笃春联合天津德瑞特种业有限公司在其村南部建设黄瓜种试验种植基地，项目面积160亩，一期建设60个棚，项目投资200万元，年效益1 000余万元。在马颊河堤顶路南侧（锅培口村北）总规划建设41个高标准花卉种植大棚（其中包括2个育苗大棚），目前已投资600余万元，建设康乃馨大棚25个，打造"江北康乃馨小镇"。实行党组织领办合作社"自主经营、统一建棚、统一技术、统一购苗、统一购肥、统一管理、统一销售"的"扎口式服务"。康乃馨年产量15万朵，保底收入18万元，经济效益是传统农作物的90倍。

四、成立产业龙头

2020年4月，王笃春成立了峰瑞高廪（山东）农业发展集团有限公司，注册资金1 000万元，是一家以农业产业发展为核心的新六产融合的集团化企业。该公司承担实施腰站现代化农业产业园建设，并以此为核心，周边村庄26个土地股份合作社具体参与，建立并形成以市场为导向、以经济利益为纽带、以企业为主体，政府统一引导、规划、扶持，农民合作组织广泛参与的产业园开发运行机制。公司现有粮食烘干塔3套，日烘干粮食1 200吨；建设粮仓面积5 000平方米，可储存粮食3万吨；购置大型农机具10台，植保无人机10架；可为周边30万亩粮田提供植保、收储、销售等农业生产服务。公司目前拥有全职员工40余人，主要种植优质小麦、蜡质玉米、鲜食玉米，实施畜禽粪污及作物秸秆资源化利用，实现可持续发展的农业种养循环发展模式。公司利用现有资源优势、技术团队优势、地理位置优势等发展粮食作物订单种植，粮食生产过程实行标准化、机械化、规模化的统一管理，实现粮食作物生产的全程可追溯，打造品质原粮生产基地。

这些年，有坎坷有逆境，王笃春靠着对理想的执着坚持下来而且取得了一定成功。展望未来，他感到脚下的路越走越宽，肩上的担子也越来越重，压力也是前进路上的动力。他和他的团队有决心、有信心在以后合作社及公司发展中继续努力，助力乡村振兴。

走出一条产业发展致富路

——记陵城区高素质农民金德旺

金德旺,男,汉族,中共党员,高中学历,1969年1月出生,现任陵城区安德街道金庄村党支部书记、德州市陵城区金庄水产养殖专业合作社理事长,先后被授予"德州市陵城区劳动模范"、德州市陵城区"农业英才"及"德州市红旗农村党组织书记""山东省担当作为好书记"等荣誉称号。

2013年金庄旧村拆迁,金德旺将老村旧址的费洼地进行整合,开挖鱼塘240亩,带领7户村民搞水产养殖,村集体每年增加收入14万元,养殖户每年平均收入10万元,还解决了本村劳动力22人的就业问题,辐射全县养殖户50余家。

2015年12月,金德旺组织成立了德州市陵城区金庄水产养殖专业合作社。合作社依托辖区内路域畅通、水资源丰富、生态环境优良等方面的优

势，把发展生态渔业作为产业兴旺的突破口，通过采取"合作社+基地+农户"的模式，打造千亩水产养殖基地。他还引导群众养殖罗非鱼、小龙虾、南美对虾等品种，有效促进农业增效、农民增收。

在合作社养殖基地，理事长金德旺说："原来罗非鱼都是从福建、广东、广西等南方省份引进的，现在罗非鱼往北方的运输受阻，主要因为气温原因，罗非鱼很容易死。我们建了一个温室大棚自己来育苗，提前一个半月到两个月让鱼出塘，这样能够使罗非鱼的利润最大化。"石家庄雨润农产品全球采购中心客商王阔向记者介绍说："我们隔一天来一趟，一车一万五六千斤，这里拉回去的鱼，要比其他地方的鱼销量好。因为罗非鱼本身有体味，他们这种养殖模式可以把体味去掉，没有了异味，味道特别好，顾客反映也特别棒。"目前，合作社以金庄养殖基地为基础，辐射带动周边村庄全面参与，延长养殖产业链条，发展特色产业，增加产品的附加值，促进一二三产业的有机融合，做到村村有好戏、户户都增收，实现乡村全面振兴。

通过多年认真学习、持续钻研、反复试验，金德旺带领合作社逐步走向规范化、科技化、专业化。浅水藕种植技术、泥鳅浅水藕套养技术、龙虾浅水藕套养技术、斑点叉尾鮰鱼高密度养殖技术取得成功，引领整个陵城区水产养殖行业成为龙头标杆。每年接待省内外学习团数十次，并无偿教授养殖技术。成功举办四届陵城区龙虾旅游节，既丰富了人民群众的文化生活，又让村民的钱袋子鼓了起来。

金德旺通过勤劳智慧胆略创造了一个奇迹，让涝洼地变成了"金疙瘩"，捞出了财富。在今后的发展中，他把带领更多的养殖户实现共同致富作为自己的最大目标，以此来回报组织的关怀和群众的信赖，带动全区渔业养殖迈向更辉煌的明天。

全心全意干农业　一心一意为农民

——记宁津县高素质农民张文怀

张文怀，中共党员，宁津县相衙镇后纸房村支部书记兼村委会主任，宁津鑫雅种植专业合作社负责人，2018年被评为"德州市担当作为好书记"称号，2019年被评为宁津县"百佳优秀农民"。

2014年张文怀担任村支部书记后，带领村两委班子，认真查问题、找差距，探索研究改变村集体收入和村容村貌的办法。考虑到后纸房村是以农业种植为主的村庄，他提出创立合作社的想法并得到村两委及群众的大力支持。2017年张文怀带领党支部领办创办农业专业合作社——宁津鑫雅种植专业合作社。他立足本村实际情况，以高于市场的价格让村民入股合作社，使村民不但增加了土地经营收入，还能有时间外出从事二三产业。他还通过参加新型职业农民及新型农业经营主体培训班，提高了科学种田技术和经营管理方法，对合作社的发展起到了决定性的作用。这几年，合作社以粮食产业为主，先后引进中草药种植和改良蜜薯种植，在实践中摸索出了发展农村合作社的新经验，由于经营管理得当，合作社运行良好，既提高了村民收入，也增加了村集体收入。

为了改变村容村貌，张文怀结合人居环境整治工作，建立党员干部分包制，发动广大党员义务清洁村内环境卫生，每条

街巷均由党员干部认领并负责日常清洁，村内定期开展义务劳动，每周确定一天定时定点清扫道路、清运垃圾、消除环境卫生死角。在人居环境治理工作中，他认真听取村民的意见建议，经过村两委认真协商，有步骤有条理地开展工作，先后出动机械8辆，人工100余人次，带领干部群众齐上阵，仅10天的时间就按照"八清零一提升"完成工作，乡村绿化水平全面提升，实现了庭院小美、村庄大美的预期目标。

"雁飞千里靠头雁"，在新冠疫情防控期间，张文怀不畏严寒，坚守岗位，冲锋在前，带领全村党员干部日夜奋战在疫情防控第一线，他用自己的实际行动，诠释着一名党员干部的担当与责任。对新冠疫苗接种认识不足、积极性不高的村民，他登门入户和村民交流做工作，动之以情，晓之以理，让村民充分认识到完成疫苗接种不仅仅是树起自身安全屏障的好事，也是利国利民的大事，更是我们每个人的责任，他还免费接送孤寡老人和行动不便的村民到接种点进行疫苗接种。核酸检测期间，对于那些卧病在床不能出门的村民，他带领检测医生入户检测，筑牢了疫情防控屏障，切实保障了人民群众生命健康和安全。

因为务实的工作作风，在2023年村两委换届选举中，张文怀以全票当选新一届村党支部书记，并当选为纸房新村（三村合一）的第一任党总支部书记。张文怀担子更重了，责任更大了。他说："虽然前进的道路上会有一些坎坷和困难，但我会永远以一个合格党员的标准，严格要求自己，带领我们这个大村庄大力发展现代农业，实现共同富裕，为乡村振兴贡献自己的力量。"

独辟蹊径兴产业　　呕心沥血惠乡亲
——记禹城市高素质农民李玉凯

李玉凯，中共党员，现任禹城市莒镇李庄村党支部书记，禹城市李屯乡小九九家庭农场负责人。农场被评为"家庭农场市级示范场"，他先后被授予禹城市"双创之星"、"禹城市优秀共产党员"、禹城市"十佳新型职业农民"、德州市"十佳新型职业农民"等称号。

2012年李玉凯满怀热情回乡从事农业工作，也许是对这片土地爱得深沉，在返乡当年就和老支部书记创办了禹城市鑫利蔬菜种植专业合作社，投资100多万元，流转土地54亩，建成32个大拱棚。一开始，接下了大连盛鸿种苗有限公司的订单，2013年春季全部投产。第二年，接下了山东省农业科学院的网纹瓜种子繁育工作。从此，和网纹瓜结下了不解之缘。最初，李玉凯主要负责培育的是鲁厚甜一号良种，随着种子市场竞争的白热化，育种订单极不稳定，可鲁厚甜优良的品质深深地打动了他，促使他从繁育种子走上了专业种植之路。

对于李玉凯来说，2017年是极不平凡的一年，他参加了高素质农民培训，种植技术和思想境界有了质的飞跃，与许多农业专家和种植能手交朋友、结对子。通过不断学习和改良，他种植的网纹瓜美观匀称、糯甜爽口、沁人心脾、回味无穷，远销全国各地。大众日报和省、市电视台多次宣传报道，他也成了当地小有名气的"瓜王"。同年7月，他又创建了"禹城市李屯乡小九九家庭农场"，带动周边10余户棚友种植网纹瓜，吸引百余名农村剩余劳动力就业，特别是农村留守妇女，人均年增收8 000余元。

2018年1月，李玉凯当选为李庄村支部书记兼主任，虽然工作头绪多，但他一心扑在园区工作上。2018年6月，他被禹城市人民政府评为"双创之星"。恰逢这一年他们村拆迁，他通过多方做工作，村民全部实现了高质量的搬迁。同时他抓住旧村复垦的有利时机，在180余亩复垦地上建成15座高标准日光温室大棚，总投资达300多万元，2019年冬季全部投入使用。2020年春，新大棚赚到了第一桶金，可谓来了个开门红，仅早春一季，每个棚收入10万余元，户均纯收入6万余元。新大棚还吸引百余名务工人员前来就业，每天车水马龙、欢声笑语，年底除村集体增收10万余元外，群众二次分红人均100元。2021年，村集体投资130万元，建设纵贯整个园区的葡萄文化长廊，并硬化了园区道路，建成集观光欣赏和游览采摘为一体的文旅中心，进一步提高生态效益和社会效益，更好地壮大村集体经济。2021年6月，他被授予"禹城市优秀共产党员"；9月，他被评选为禹城市"十佳新型职业农民"；12月，又被评选为德州市"十佳新型职业农民"。

李玉凯细心钻研，大胆尝试，在得知原用于医学方面的臭氧杀菌技术也可用于农业生产时，与专利发明人张磊合作，为农场量身订做了一台多氧水杀菌仪器设备。他专门拿出一个棚搞试验以水代药，整个作物生长期不打一滴农药，10分钟全棚自动无死角喷洒一遍，瞬间灭菌并杀掉虫卵。该试验一举成功，现今该项目在农场大规模实施。估计这项技术每年给整个园区节约农药和人力成本10余万元，增加收入20余万元。他还和寿光三元株村结成帮扶对子，引进了"棚掌柜"和"肥郎中"两个农业前沿项目。

所谓"棚掌柜"就是利用手机远程操控，使菜农成为甩手大掌柜。设备实现自动控温、控湿、放风，自动播报虫情、灾情和天气预警，自动除雪，自动升降棉被等一系列高耗能动作。而"肥郎中"就是自动测土、自动配肥，最后利用水肥一体化施入田间，实现精准施肥、对症施治，从而达到减肥减药的目的。目前这两项技术在园区已经广泛利用，年节省人力物力30余万元，真正起到节能增效作用。

李庄村西紧挨养殖场，该养殖场粪水处理不及时，时常有臭气扩散、臭水污染地下水现象。他主动找到负责人杨某，和他深入沟通交流，探索出一条种养结合之路。平时将粪水集中存入地下窖池，加菌密闭发酵，待到10月秋种季节统一出库，免费为周边农田撒施有机肥。这样既解决了该厂粪水处理问题，又大大地降低了老百姓的生产成本，提高了农作物产量。仅此一项就保证了全村1 000亩基本农田，每年撒施有机肥1 000多吨，每年节约成本40万元，增收20余万元。

虽然在工作中取得了一些成绩，但李玉凯深知自己做得还不够，距离自己的目标还相差很远。今后，他决心继续在乡村振兴的道路勇于探索，敢于创新，努力把产业做大做强，带领群众共同致富，为发展当地绿色高效农业做出自己的贡献。

人才赋能引领强　乡村振兴共发展

——记庆云县高素质农民郝战峰

抓了一把泥土，又拔了几棵麦苗，看了看根部……"'冬天麦盖三层被，来年枕着馍馍睡'，希望今年能够多下几场雪。"庆云县黄邱鲁运土地股份专业合作社理事长郝战峰像往常一样在田埂上巡看。他先后参加过农业农村部门组织的新型农民创业培训、农业经理人培训、高素质农民培训等。凭借勤学习、敢尝试的精神，郝战峰从一开始的一家人种几亩地，到如今合作社托管1 000余亩地，从种地的"老把式"成长为爱农业、懂技术、善经营、会管理的高素质农民的优秀代表。

一、党建引领增活力

2017年，党支部领办合作社的动员令一响，郝战峰积极行动，庆云县黄邱鲁运土地股份合作社应运而生。在郝战峰的发动下，入社群众124户，入社土地1 147亩。合作社成立了，土地资源有了，该种点什么呢？种小麦还是种玉米？作为合作社理事长的郝战峰，在心里盘算了很久，要种就得种出花样来、种出名堂来。一方面继续发挥良种繁育的优势，借助黄邱新村谷子种植的技术优势，把种植谷子和小麦良种繁育轮茬结合起来，提高亩产收益；另一方面以党支部领办合作社为载体，打造谷子种植特色品牌，注册"黄丘小米"商标，购置收割机、脱皮机、封口机等专业机械，实现规模化种植，提高合作社农产品市场竞争力。

二、特色种植增效益

2020年，合作社流转河套地180亩，这片地属于典型的盐碱地，谁也不愿意种。"要想庄稼长得好，还得土壤好"，郝战峰充分利用培训所学知识，运用现代技术改良盐碱地。对土地进行翻耕，使用微生物菌肥技术改良土壤成分，弥补了土质的"先天不足"。与此同时，他将先进种植理念和现代化机械应用到河套地的田间管理上，做足了地力的"后天优势"。发展谷子、油葵特色种植，谷子每亩产量高达450千克，亩产值可达3 000元，这让郝战峰尝到了特色种植的"甜头"，也让合作社成员分到了"红利"。2021年，合作社被庆云县总工会评为"工友创业园"，合作社生产的"黄丘小米"也被山东省农业农村厅认证为无公害农产品。

三、人才赋能增动力

随着时代的发展，传统的种植技术已经无法满足现代农业的需求，如果无法从"老把式"成长为"新农民"，势必会被市场淘汰。郝战峰将培训班学到的"良种包衣""播前播后双镇压""宽幅精播""一喷三防"等新技术推广应用到合作社。"什么时间施肥对玉米最有利，如何提高肥力，春、夏之交的小麦得了病如何防治，玉米密植控制在多少株最合适……"这些问题郝战峰都在不断探索，这也造就了他这么一位"田秀才""土专家"。"活到老学到老"是郝战峰一直挂在嘴边的一句话，他不仅自己热爱钻研，还带领村民一起学习。2023年，黄邱新村被确定为农民素质素养提升培训试点村，全村70余人全程参加了培训。在郝战峰的努力下，2023年合作社小麦亩产量达700余千克，他也成了名副其实的德州市种粮能手。

郝战峰先后荣获"德州市创业导师"、德州市"担当作为好书记"、"德州市五一劳动奖章"、山东省"农民工之星"、"齐鲁乡村之星"、"山东省劳动模范"等荣誉称号，一项项荣誉见证着郝战峰的成长之路。展望未来，郝战峰说："我从小在农村长大，对农业有着很深的情结，我希望在乡村振兴的道路上，通过特色农业带动乡亲们过上更加美好的日子。"

乡村振兴领头雁　服务群众贴心人

——记平原县高素质农民刘志强

刘志强，男，1975年出生，现任平原县张华镇六联社村党总支书记、平原县张华镇姜集土地股份专业合作社负责人、平原县新型职业农民协会秘书长，先后被评为"平原榜样""平原工匠""平原县最美农民""平原县好人之星"等。2022年7月22日，全国人大常委会法制工作委员会办公室邀请他参加了由农业农村部和司法部共同举办的《农产品质量安全法》修订线上座谈会，刘志强是出席线上座谈会的13位成员之一，也是唯一的一位基层新型经营主体代表。

一、创新模式，做强家庭农场

2015年1月，刘志强注册成立了平原县张华镇超强家庭农场。农场合理利用土地资源，创新农业发展模式，调优调强产业结构，在保证粮食种植面积的同时，利用作物不同的生长周期，合理套种轮种，实行小麦育种和芹菜轮作。他为山东运河种业有限公司培育小麦良种700余亩，芹菜种植150亩，每亩纯利润达1万元，取得了较好的经济效益。农场大力实施科技创新，构建"专家组+技术指导+科技示范户+辐射带动户"科技成果转化通道，先后采用了巴斯夫可降解地膜、测土配方施肥、声呐除虫等先进种植技术。创新销售模式，推广"互联网+"，利用电商平台，开展网点直销、订单种植等服务，收到较好成效，平原县张华镇超强家庭农场2018年被评为"家庭农场市级示范场"。

二、共同发展，创办股份合作社

农场在发展过程中，从技术、资金等方面得到上级有关部门的大力支持，获得了可观的经济效益和较好的社会效益。刘志强致富不忘乡亲，每年安排就近村庄农民用工3 000余人次，实现群众增收20余万元，解决了当地农民就近就业问题，吸引更多的群众共同致富。2017年12月，刘志强因致富能力强、群众威信高当选为姜集村党支部书记。他又带领支部领办创办了土地股份专业合作社，并将自己经营多年的超强农场并入合作社，为实现群众增收、集体增收奠定了坚实的基础。2021年4月，周围6个村庄合并，成立六联社村，他又高票当选为六联社村党总支书记。2022年，大豆玉米带状复合种植是当前一个时期的重点工作，他带头种植100亩，取得了玉米单产600千克，大豆单产120千克的好成绩，为宣传发动大豆玉米带状复合种植提供了有利素材。他还积极为周围群众协调机械，帮助种植户销售大豆，得到了周围群众的一致认可。2023年，合作社承担了平原县玉米单产提升项目，建立玉米高产攻关示范田，采用合理密植、一防双减、增施叶面肥等技术措施，为夺取秋粮高产奠定了基础，为助力"吨半粮"生产能力建设做出了贡献。

三、高效植保，成立航空俱乐部

2021年，刘志强成立天禧航空俱乐部，投资300余万元，购置直升机1架、植保无人机30余架、肥料喷洒无人机2架。俱乐部成立后，在张华镇境内进行玉米飞防2.6万亩，美国白蛾飞防25架次，业务逐渐扩展到周边地区。2022年共飞防12.5万亩，2023年共飞防18.8万亩，为平原县创建主要农作物全程机械化示范县和填补高效植保机械空白做出了突出贡献。

四、前景展望，融合一二三产

为使合作社健康发展，刘志强计划将单纯的农业生产拓展为集生产、加工、销售为一体的三产融合，建设蔬菜深加工厂1处，项目占地100余亩，投资500万元，购进烘干设备、榨汁设备，建设冷藏库。项目建成后，预计年经济效益150万元，可解决剩余劳动力30余人，带动本镇和周边乡镇发展露地蔬菜20 000亩，为乡村振兴战略做出更大的贡献。

强化托管服务　助力乡村振兴

——记宁津县高素质农民王华川

王华川，男，1973年出生，中共党员，宁津县华川种植专业合作社理事长，宁津县杜集镇王庭府村党支部书记，"齐鲁乡村之星"。宁津县华川种植专业合作社先后被评为"农民专业合作社省级示范社""德州市优秀服务组织""中国农业服务业联盟会员单位""德州市农技推广科技示范主体"。

一、强化学习培训，做好宣传引领

作为合作社的理事长，他敏锐地意识到，只有强化人才支撑，才能促进合作社高质量发展。在他的带领下，合作社组织广大农户参加新技术、新品种高产栽培技术培训400余场次，还先后培育农机手50余名，还组织10余名合作社骨干先后参加了高素质农民培训、耕耘者振兴计划培训、乡村产业发展带头人培训、"头雁"培育等数十个培训班。通过培训使所有受训的合作社成员开阔了现代农业视野，树立了创新发展理念，并将学习的知识应用到实践中，拓展经营服务领域，壮大经营实力，提升规模化、专业化、标准化、集约化生产托管服务模式。因地制宜发展单环节、多环节、全程托管等菜单式托管服务模式，为农民提供全方位、便利化的社会服务。通过发放宣传页、村内大喇叭广播、微信群等多种形式全面做

好宣传引领,加强对农户的吸引力和辐射力,把小农户和专业户服务好、带动好,把他们的生产引入现代农业发展轨道。

二、配备新型装备,提高服务能力

农业社会化服务过程,既是推广应用先进技术装备,改善资源要素的过程,也是推进品种选优、品质提升和精准化生产的过程。农业科技创新是第一驱动力,通过自行购置、租赁、协调各种先进的农机装备60多台(套),新进推广高精端现代化科学管理种植技术7项,新进推广综合抗性好、高产稳产农作物良种12个。合作社制定了一套农机作业服务质量标准,涉及小麦、玉米、大豆机收、种肥同播、土壤旋耕、秸秆粉碎、播后镇压、飞防植保等各个环节。通过实行"良种良法配套,农机农艺融合"的措施,促进农业节本增效、提质增效,使受益农户粮食产量连年增长,平均每年每亩增产幅度在10%,得到了广大服务农户的高度认可。

三、建立健全机构,打通托管环节

合作社为了加强人才队伍建设,健全组织机构,增强合作社发展后劲,实现社会资源共享,在所辐射的50余个村庄建立村级服务站。聘请一批责任心强、热爱"三农"、服务群众,能有效帮助农民解决生产技术难题的优秀人才为村级服务站站长,成为实现小农户与现代农业有机衔接的基本载体,打通了托管服务最后一公里的环节。合作社通过菜单式托管服务,实现单环节、多环节或全程托管服务面积达到3万多亩,2022年实现农资、托管服务费和粮食销售总额1 214.65万元。

发展农业生产托管服务是实现农业现代化的一个重要环节,也是实现小农户和现代农业有机衔接的基本途径。王华川表示:"紧紧围绕农业增效、农民增收这一目标,努力把服务范围从产前、产中向产后延伸。加大基础建设,购置大型烘干设备2台(套),购置大型农业装备10台,修建标准型粮仓3 000平方米,建设晾晒场6 000平方米。扩大生产托管服务规模,使我们有条件、有能力成为农业社会化服务的骨干力量,真正做到引领一方、带动一片,以实际行动为广大父老乡亲的丰产丰收保驾护航,为乡村振兴做出更大的贡献!"

乡村振兴　产业先行

——记武城县高素质农民李福祥

李福祥，男，中共党员，1963年10月出生，现任武城县李家户镇西店村党支部书记、武城县祥惠果蔬种植专业合作社理事长。

一、整合各项资源，布局产业项目

由村党支部领办组织成立了祥惠果蔬种植专业合作社，建成200亩西府海棠优质苗木种植基地，实现整村全覆盖。完成山东省特色种植资金扶持项目"龙峰桃"200亩种植园区（并引进了新品种蟠桃7-6）、"三红梨"100亩及林下草药射干、北沙参、知母、树莓种植等150亩。清理村边坑塘的废弃垃圾等污染源，打造改建成鱼塘、藕塘50亩，并实行藕塘混养小龙虾立体化养殖。园区实行水肥一体化，改善了水土环境，减少了化肥对土地的污染，提升了果蔬、鱼虾品质，增加了集体收入。

二、启动民生工程，改善村庄面貌

李福祥和村两委班子成员多次召开村民代表会议，最终确定由村集体统一清理拆除，再统一购买果树苗木、草药种子、有机腐熟肥等物资，并提供专业技术服务，由农户自己管理，收益最终归农户的模式。清理村内残垣断壁房屋48处，按区域规划出樱桃、苹果、梨等8个果树种植园,完成了村庄环境整治,让闲置资源变成有效资产,使村民长期受益。

耗资300多万元,实施村内主干道2 100米水泥道路硬化及全村胡同红砖硬化;村庄道路两侧种植观赏树木,街心公园及8 000平方米广场修建凉亭、布设休息座椅;安装覆盖村庄及产业园区的监控摄像头59个,更换LED路灯近百盏;建成1 000平方米幼儿园、400平方米老年活动中心及祥和社区西店幸福院;升级5处主要街区及3处街心公园绿化;改造7处景区厕所、4处停车场。村庄环境实现彻底整治,生活环境得以显著提升。

三、发展乡村旅游,建设生态家园

在产业振兴的基础上,李福祥又带领西店村开发旅游项目,建设完成民俗馆、文化馆、农家乐、幸福食堂、龙峰桃采摘园、三红梨采摘园、树莓采摘园、鱼塘垂钓园等旅游观光设施。为方便游客又修建了1 500米观光路、2 000米旅游采摘路,安装了园区护栏和采摘园门。依托西店村现有的基础,打造了武城县党员红色教育基地。经过一系列改造,将"美丽西店、生态家园"的口号变成了现实,西店村现已成为远近闻名的"园林村""景区村",为乡村旅游开发和农事文化推广打下了扎实的基础。

在李福祥的带领下,西店村已今非昔比,处处皆风景,人人满笑颜。西店村先后荣获"国家级森林乡村""山东省农村产业融合发展功能拓展型试点村""山东省美丽乡村示范建设村""山东省实施乡村振兴战略规划省级联系点""山东省职业农民乡村振兴示范站""山东省社会科学普及示范村"等荣誉。人民日报、山东卫视、大众日报、齐鲁网、今日头条、德州日报、德州电视台、武城电视台等媒体先后进行了报道。

乡村振兴　后邓先行

——记庆云县高素质农民邓长顺

邓长顺，男，中共党员，现任庆云县东辛店镇邓家土地股份专业合作社理事长、庆云县东辛店镇后邓村党支部书记。他先后参加庆云县高素质农民培育项目和山东省乡村产业振兴带头人培育"头雁"项目培训班，曾荣获"齐鲁乡村之星"、"德州市劳动模范"、"德州市推进乡村振兴工作表现突出先进个人"、德州市"农民工之星"等荣誉称号。

一、领办合作社，开辟强村富民"新路径"

乡村振兴战略实施以来，邓长顺抓住农业农村大发展的东风，积极学习国家政策，发动党员群众成立合作社，一家一户上门做工作、讲政策、算经济账，最终通过村民入股、承包、换地、转地加入合作社等方法，2017年10月，以"公司+合作社+农户"模式在全县率先建成党支部领办创办土地股份专业合作社。2018年3月，合作社被县委定位为县级带动示范社，获得30万元奖励；同年7月，获中央财政奖补资金9万元、获县委组织部免息贷款6.6万元、获县安监局帮扶资金1万元。2020年，合作社以小麦多产2.5万余千克，玉米多收入5万多元的丰收成果，实现全社总收入达到50万元。邓长顺按照"一次分红+二次分红"的模式，及时兑现每位社员投资收益红利，保障了农民增收致富，实现了合作社"利民、惠民、富民"。截至2023年8月，合作社入社土地达到240亩，带动农户68户，年均总收入达50余万元。

二、种植菊花，激活乡村振兴"新动能"

2022年，邓长顺通过遴选成为山东省乡村产业振兴带头人培育"头雁"

项目学员。在青岛农业大学学习期间，得知一名学员种植菊花效益可观，特别是金丝皇菊，观赏价值高，既能制成花茶，也可作为药材，有散风热、明目的功效。通过进一步考察交流，邓长顺觉得可以引进种植，深加工成菊花茶，不仅能带动村民增收，还能带动乡村旅游。学成归来，说干就干，2023年3月，村党支部领办合作社开启菊花种植之路。

通过土地整合和测量，后邓村清理出闲散废弃地11块，合计35亩，开发建设菊花生态园区，栽种菊花幼苗14万棵，注册了"厚邓"商标，并成功举办庆云县东辛店镇第一届"菊花节"。"我们规模化种植、订单化销售，完全不愁菊花销路，每亩预计产量500千克，每千克的收购价在20元左右，预计增加35万元的收入。"邓长顺娓娓道来。接下来，他还将依托电商发展优势，打开菊花"云"销路，引进菊花烘干包装工艺，延伸产业链，带动更多的农户参与进来增收致富。同时，镇党委、政府大力支持菊花种植产业项目，申请上级建设资金12万元，帮助建设占地5亩的连栋日光温室，作为菊花观赏育苗基地。

三、阵地提升，驶入乡村振兴"快车道"

村级阵地是农村基层组织建设的重要物质基础，是增强村级组织战斗力、凝聚力的重要载体。邓长顺始终坚持"硬件""软件"一起抓，对基层阵地进行改造提升，坚持把增强人民群众的获得感、幸福感、安全感作为打造村级阵地的出发点和落脚点。投入50余万元，高标准改造功能齐全、特色鲜明的"乡村CBD"，建有教育培训室、党员活动室、灯塔书屋、阳光议事厅、健康驿站、志愿者活动室、矛盾调解室、电子阅览室等10余个功能室，为群众学习教育、商谈议事、综合办事、公共服务等提供阵地保障。落实落细"三会一课"、主题党日等基本制度，规范组织生活，实现了办公有场所、活动有场地、学习有去处，切实提升了服务群众的水平。

邓长顺以一桩桩好事、一件件实事，树立了一位优秀高素质农民的良好形象，赢得了群众的支持和信任。"下一步，我将进一步加强学习，将理论与实践有机统一，发展壮大村集体经济，带领村民增收致富，实现强村与富民的双赢。"邓长顺自信满满地说道。

中流击水爱一乡　奋楫前行领一方
——记庆云县高素质农民李玉华

"天高气爽地无边，沃野葡萄缀满天"，走进庆云县徐园子乡杨道口村，茂密的葡萄架为来往的行人遮去夏日的酷暑，举目望去，藤蔓上挂满了沉甸甸的葡萄，弥漫着丰收的喜悦。"我们这个葡萄叫做摩尔多瓦葡萄，最大的特点就是口感香甜、皮薄，还是无公害产品"，庆云县徐园子乡杨道口村李玉华边修剪藤枝边笑着介绍。

李玉华，男，1962年10月出生，中共党员，现任庆云县徐园子乡杨道口村党支部书记，先后荣获"庆云县优秀共产党员""庆云县政务服务先进个人""庆云县优秀党务工作者""庆云县乡村振兴工作先进个人"等荣誉称号，在他的带领下，杨道口村获"山东省先进基层党组织""山东省森林村居""全市干事创业好班子（好团队）"等奖项。

经济发展是自立自强的根基，杨道口村曾经是第一批省定贫困村，共有182户，536口人，耕地680亩。2019年，村集体收入4.9万元，主要依靠土地发包、扶贫项目收益，集体收入稳定但形式单一。为摆脱村集体增收困境、带领群众真正致富，李玉华积极参加了高素质农民培训，学习先进的管理经验，带领杨道口村积极探索，多次赴青岛市、寿光市等地学习考察，研究确定杨道口村发展摩尔多瓦葡萄特色种植项目。2020年开始，杨道口村委会承包耕地20亩，建设葡萄采摘基地种植园，建设葡萄架550米，种葡萄3 000余棵，对基地成片规划分块种植，收获2.5万千克葡萄，增加村集体经济收入10万元，同时带动本村20余人就业增收。

"村里开始种植葡萄，号召俺们把房前屋后的空地都利用起来，发展'边角经济'，增加一部分收入，还免费提供了葡萄幼苗"，杨道口村村民魏领先笑着说。在村集体增收的同时，进一步引导村民发展葡萄种植，免费为村民提供葡萄幼苗和管理技术服务，现已带动22户农户种植摩尔多瓦葡萄1 600棵，户均实现6 000元的稳定收入。"通过搭建葡萄架，村主干路更加整洁了，村里还在道路两侧栽种了'百日红花'，村里环境更美了"，杨道口村村民魏领先说。杨道口村以葡萄种植为契机，以主干路为中心，不断完善基础设施建设，村内所有街巷道路全部实现硬化。

"产业兴，则百姓富。我们一定会抓住葡萄产业富民的'牛鼻子'，不断增强'造血'功能，积极推进党支部领创办合作社，扩大葡萄种植面积，在'党建+特色产业'的引领下，实现群众干活有基地，增收有门路，致富有希望。"说起对未来的规划，李玉华充满希望。

担当有为　勇做带头人

——记宁津县高素质农民陈绪勇

陈绪勇，男，中共党员，1968年8月出生，宁津县柴胡店镇王世英村人，现任宁津县柴胡店镇王世英村党支部书记、村委会主任，宁津县千鳅水产养殖专业合作社理事长，先后被授予"宁津县优秀共产党员""齐鲁明星村书记""德州市种养大户先进个人"及德州市"十佳职业农民"等荣誉称号。

一、壮大水产养殖，强劲注入新活力

2022年，宁津县千鳅水产养殖专业合作社以人居环境整治工作为契机，整合周边16个村的废弃坑塘36个，共220余亩，发展泥鳅养殖。2023年联合体内建有高标准生态养殖池48个，深水养殖池2个，特色水产养殖面积共530亩，年产泥鳅600多吨，养殖年收入突破600万元，为联合体内每个村集体增收10.9万元。凭借成熟的泥鳅养殖产业，合作社免费为联合体内村民从搭棚到育苗再到销售，提供一揽子免费服务。2023年带动柴胡店镇柴胡店、桃源里村发展泥鳅养殖56亩，长官镇郭相村发展泥鳅养殖15亩，还带动了周边县（市、区）寻求合作发展泥鳅养殖，进一步壮大了泥鳅养殖产业。宁津县千鳅水产养殖专业合作社被评为"山东省水产健康养殖示范场""山东省新型职业农民培育实践基地""山东省职业农民乡村振兴示范基地"。王世英村泥鳅养殖基地已经成为德州自主发展最大的养殖基地，全国泥鳅养殖技术标杆，形成了特色水产养殖新名片，为乡村振兴产业振兴探索了新的道路。

二、延伸产业链条，撬动产业新动能

王世英村与东陵市孟氏渔业科技有限公司合作，打造占地78亩的飞蝗养殖基地，构建"盈利分红+土地入股分红"的村集体双增收渠道，可实现年产146吨，产值730万元，使村集体增收15万元。夏季烧烤火爆的时候，在德百杂技蟋蟀欢乐谷设立了王世英特色美食炸蚂蚱、烤泥鳅，每天烧烤净利润达到5 000元以上，王世英联合体内群众通过穿蚂蚱串、泥鳅串每天可挣150～200元。按照"党建引领、区域联动、优势互补、抱团发展"的模式，依托党建联合体，王世英村通过整合区域资源要素，发展特色种养殖产业，在产业链上做文章，增加食品附加值，促进食品产业全链条发展，推动跨村联建工作以点带面、整体推进、联合提升，实现村庄美、产业兴、群众富。

三、打造田园综合体，点燃发展新引擎

按照现代农业发展的新态势，陈绪勇提出打造田园综合体的想法，经过全体村民讨论同意后，合作社流转土地320亩进行现代农业大棚建设，共建温室大棚27个，种植番茄、黄瓜等蔬菜，向北京市、天津市商超直接供货，带动全镇蔬菜种植、销售产业转型升级，全力打造京津冀放心"菜篮子"。依托王世英村水产养殖、飞蝗养殖两大基地，启动建设占地面积100亩的休闲娱乐露营基地，含特色美食、休闲垂钓、种植乐园等多处体验区。建成后能满足周边群体的假日游、亲子游、研学游、团建游的市场需求，打造一二三产业融合发展的示范项目。

四、改善人居环境，建设美丽新家园

为提升村容村貌，改善人居环境，本着为民办实事的初衷，陈绪勇牵头与山东省土地发展集团有限公司合作，建设了全县第一个乡村振兴齐鲁样板工程。该工程总投资1亿元，规划修建了二层独栋别墅67栋，配套公园、健身广场等基础设施，2023年6月全村已整体搬迁入住，2套人才公寓也即将装修完成。建成占地1 000平方米的党群服务中心，内设综治中心、文体活动中心、家风馆等13个功能室，将便民服务与社会治理融合推进，促进乡村善治。整合边角土地资源73亩，种植花卉苗木1.2万棵，培育期3年，村集体与村民进行三七分成，村集体每年可增收2.1万元，村民每户可增收950元，同时树木管护提供就业岗位7个。

服务为民　服务为农

——记宁津县高素质农民陈健

陈健，男，中共党员，1986年12月出生，宁津县宁城街道五胡同村人，宁津县宁城街道五胡同村党支部书记，山东省宁津县五湖涂料化工有限公司总经理，宁津县第十八届人大代表。

一、抓基层治理建设，提升民主向心力

陈健自担任五胡同村支部书记以来，本着以人为本的原则，紧紧依靠村民群众，实施民主管理，坚持党务、村务公开，实行民主评议制度。村集体所属土地的出租及租赁费用全部经村委会、村民代表共同表决通过后实施，切实保障了村民的合法权益，从未出现一起违法、违规决议，树立了良好的村集体经济新典范。陈健一直秉持着以德治村的理念，立足村情，不断创新工作思路，提高全体村民自我管理、自我教育、自我约束的能力，村里无一例醉酒闹事及不孝敬父母的事件，无一例恶性上访、扰乱社会治安及重大刑事犯罪案件。

二、抓村居提质改造，提升生活满意度

2017年10月，根据县城的总体规划，五胡同村整体实施棚户区改造，陈健第一时间积极响应，带头下村入户作动员。"作为村里的当家人，又是一名共产党员，凡是有利于村经济发展和村民生活环境改善的，必须冲在前面。"陈健说。自拆迁工作开始后，为保障拆迁工作顺利进行，陈健每天奔波于拆迁"第一线"，经常是天没亮就出去了，妻子、孩子睡觉了才回家。他给村民详细讲解征地补偿政策，耐心细致地做思想工作，帮助找房子搬东西，用真诚与耐心打消了大家的顾虑，确保了256套住房、8家企业、20户门店、67个蔬菜大棚、275亩小麦及地上物（包括树木、道路硬化、电线杆、下水管道、坟等）的整体拆迁去除工作顺利完成，2023年6月

五胡同村全部回迁安置到位。

三、抓公共服务，增强责任感染力

作为本地一名青年企业家，陈健一直经营着一家涂料化工有限公司。2016年10月，积极响应上级高质量发展要求，在宁津县化工园区内开工新建标准化生产厂区，占地面积70亩，总投资1.2亿元，年销售收入2亿元，利税1 300万元。陈健充分利用本企业优势，发挥示范带动作用，为本村村民累计提供就业岗位500余个。陈健始终不忘一名青年企业家的责任，担当奉献、勇于创新，在脱贫攻坚、疫情防控等大战大考面前勇担重任，积极作为，为疫情防控和经济社会发展做出了重大贡献。在脱贫攻坚期间，为助力贫困户洁净庭院创建工作，个人花费2万余元，免费为辖区19家贫困户粉刷墙面，并承诺终身质保。新冠疫情防控期间，积极发挥党员先锋作用，第一时间带领村干部、志愿者投入到抗击疫情前线，哪里需要他们就出现在哪里。从疫情初期的小区出入口值班值守，到常态化开展核酸检测，到后期阳性、密接人员的接转运送，他的身影贯穿疫情防控的各个阶段。在疫情防控期间，他积极组织员工进行捐款捐物，累计为志愿者送去价值10余万元的抗疫物资，并联合7家爱心企业将1万千克蔬菜，2 500千克挂面送到居民手中，极大缓解了封控期间居民的基本生活需求，以实际行动彰显责任担当。

在乡村振兴的路上，陈健始终坚持发挥好村领头羊的作用，以共产党员的标准严格要求自己，认真履职尽责，用真心换来真情、用实干赢得信任，为村集体增收和村民致富多谋方法，为乡村振兴做贡献。

"打工仔"变"新农人"

——记禹城市高素质农民杨富勇

杨富勇,男,中共党员,现任禹城市伦镇东杨村村委会主任,润德家庭农场、禹城市星梦农机专业合作社理事长。

一、脚踏实地,雷厉风行干农业

杨富勇,这名1987年出生的农家汉子,中专毕业后,怀揣着对未来的期望和对大城市的憧憬,独自一人外出打拼,凭借着不服输的精神,干出了一番成绩。2020年突发新冠疫情,被封在家里的杨富勇,联合本村4位农民,成立了村里第一个家庭农场——润德家庭农场。

流转村民土地110亩,在农业专家的指导下,制定"一年三收"(由传统的一年小麦、玉米双收变小麦、玉米、大豆三收)的发展计划。在搞好农田管理的同时,他主动与农业农村部门联系,争取各种学习机会,先后参加了德州市高素质农民培育、山东省乡村产业振兴带头人培育"头雁"项目等培训班。通过学习,他的田间管理水平和生产管理能力得到显著提升。通过采用优良品种、测土施肥、绿色植保等良种良法配套先进技术,润德家庭农场的小麦、玉米、大豆长势喜人,人见人夸。2020年实现亩均单产1 418千克,基本达到"吨半粮"。其中,小麦646千克、玉米660千克、大豆112千克,亩均增收690元,成为名副其实的样板,实现"玉米基本不减产,多收一季豆"的目标。

二、科技赋能,扩大规模带民富

"现实中,土地分包到户,农民变着法地栽种不同作物尽量多挣钱,难以形成规模效应。选择适合本地实际情况的优势项目,把看得见摸得着的实例进行推广,农民就会响应,就能起到带动一群人、带富一个村的作用。"杨富勇感慨地说。2021年初，杨富勇乘势而上，扩大家庭农场规模，成员发展到35人，流转土地增加到600亩，继续探索大豆玉米带状复合种植增收。

农业生产投入高、产出低、效益差的最大原因是机械化程度低。针对这一问题，杨富勇带领村民成立了禹城市星梦农机专业合作社。合资购入植保无人机3架、植保机械2台、其他配套机35台，辐射20多个村庄，带领200余户村民共同致富，实现年经营收入180余万元。带动伦镇及周边8万多亩地的主要农作物植保管理机械化，推动了农业增效、农民增收。他还结合生产实际，成功探索出"一调二优三控"高产种植模式（调节株行间距、优化品种结构、优化农机作业，肥水调控、促壮化控、绿色防控），总结出"一播全苗是关键，做好封地少长草，花开马上做化控，农机配套收割好"的技术要点，为大面积推广提供了示范样板。

三、不负众望，肩担使命劲倍添

胸有凌云志，无高不可攀。作为扎根田野、有着浓浓"三农"情结的高素质农民，杨富勇始终以农民特性为视角、以乡村振兴为己任，把田间地头当成人生舞台，努力把各项强农、惠农、富农政策及技术送到千家万户，在农业发展中实现个人价值。润德家庭农场先后被评为"禹城市放心农场""禹城市示范农场"和德州市"农业示范主体"。杨富勇本人连续3年被评为禹城市"新农青年示范带头人"，并通过农民职称评审，2021年被选举为东杨村村委会主任，并光荣加入中国共产党。

2022年，禹城市开展"吨半粮"高产创建和探索大豆玉米带状复合种植，杨富勇积极响应，主动现身说法宣传推广，不仅将东杨村1 200亩耕地全部实施大豆玉米带状复合种植，还流转周边村庄耕地800亩，按照"四二式"大豆玉米带状复合种植模式做好示范引领。2022年，实现玉米亩均单产680千克、大豆130千克，实现了"玉米不减产、大豆是白捡"的成效。村民每亩增加收益500余元，带动周边村庄520户的3 100亩大豆玉米复合种植地块实现增收140余万元，为禹城市"粮食安全、大豆振兴"做出积极贡献。

聚焦乡村振兴、建设农业强国，杨富勇信心满满，步履铿锵。在探索"合作社+龙头企业+农户"新模式、做好社会化系列化服务上发力，在延伸产业链、提高价值链、拓宽增收链上用功，建平台、扩规模、提质效，带领村民共同致富、奔向美好未来。

担当作为　智慧引领
——记庆云县高素质农民刘绍安

刘绍安，男，汉族，1963年10月出生，中共党员，现任庆云县常家镇洼刘村党支部书记、庆云县常家镇洼刘土地股份专业合作社理事长、庆云县第十四届人大代表，先后被授予"德州市红旗支部书记"、"德州市担当作为好书记"、"德州市乡村之星"、德州市"十佳新型职业农民"、"齐鲁乡村之星"、"山东省劳动模范"等荣誉称号。

一、加强学习，提升自身能力素养

"活到老、学到老"，是刘绍安时常挂在嘴边的一句话，也是他的座右铭。自2019年以来，他先后参加了市、县组织的新型农业经营主体带头人培训班、高素质农民培训班等，将所学技能充分与实践结合，指导并带动周边村民应用先进农业技术，推广绿色防控关键措施，助力粮食安全根基，为"吨半粮"生产能力建设添砖加瓦。

二、头雁引领，集体农户增收双赢

2017年，为增加村集体经济收入，带领群众共同致富，刘绍安积极推动土地流转，盘活闲散土地，成立党支部领办创办合作社，吸纳农民105户，入社土地523亩，主要种植小麦和玉米等传统农作物。合作社采取"保底+分红"的经营模式，形成了"村集体、社员、产业"三方互促共赢局面。在上级政策扶持下，合作社又购置了农用机械，除满足自用外，农忙时还服务周边村庄群众，每年为合作社增收2万元。截至2023年6月，入社群众每年每亩增收300元，村集体经济收入达到24万元。

三、创新模式，拓宽群众致富路径

借助"吨半粮"生产能力创建和大豆玉米带状复合种植有利契机，推动农业生产向专业化、规模化迈进。目前，合作社承担了粮食绿色高质高效项目攻关田建设，试验示范小麦、玉米新品种20余个，推广小麦"一喷三防"、玉米"一喷多促"等绿色防控技术，深耕深翻、良种选择、精细整地等单产提升技术，创建"吨半粮"县长指挥田200余亩，推广大豆玉米带状复合种植188亩。在创建和推广过程中，合作社实行"六统一"管理模式，与庆云县为农服务中心对接合作，采取"专业公司+合作社+小农户"服务模式，托管土地1 000余亩，实现了小农户种地无忧、安心省事，农业转型升级、提质增效。

四、开拓思路，彰显群众幸福指数

围绕群众需求，在刘绍安的带领下，洼刘村利用空宅基地和房前屋后小地块种植绿化树木和景观花卉，发展边角经济。将村村通公路两侧、沟渠路旁等宜林地通过拍卖的形式定权植树，绿化村容村貌。硬化、翻修路面2 000余米，村主干道更换太阳能板路灯45盏，新修建小型农田水利工程800余米，实现了700余亩耕地全覆盖，全村所有耕地10余天就可浇一遍，既解放出劳动力，还方便了群众。每年评选"好媳妇""好婆婆""五好家庭"，倡导孝亲敬老的文明之风。聚焦80岁以上老年人、留守老人和残疾人需求，开展"暖心食堂"活动，不仅让老人们吃上了热乎乎的饭菜，更成为了服务群众的新纽带、乡村善治的新载体。

如今，刘绍安以乡村振兴战略为契机，以美丽乡村建设为载体，积极推进党支部领办创办合作社，在他的带领下，洼刘村正在一步一个脚印地走向美好未来。

甘当百姓的"老黄牛"

——记庆云县高素质农民丁国明

在庆云县中丁乡中丁村有这样一个人，每当刮风下雨，你总能看到他撑着雨伞，穿梭在田间地头，查看土地排水情况；每当庄稼种植遇到困难，你总会看到他第一时间赶到现场，焦急万分解决技术问题；每当看到合作社喜获丰收，你定会看到他开心地像个孩子……

"全心全意为人民服务，甘当百姓的老黄牛"是这位高素质农民的座右铭，也是他作为合作社理事长的信念和追求，更是他作为一名共产党员的使命和担当，他就是山东省第十三届人大代表、庆云县中丁乡中丁村粮蔬种植专业合作社理事长丁国明。

2021年6月，丁国明带领中丁村36户农户，整合流转土地100余亩，出资106万元，成立了庆云县中丁乡中丁村粮蔬种植专业合作社。在合作社成立初期，对于种什么、怎么种，大家犯了难。在乡党委的支持下，丁国明积极参加高素质农民培训，学习先进的种植技术与管理经验，并且到淄博市沂源县、济宁市金乡县等地实地考察学习。引进新品种、新技术，聘请农业技术专家进行现场指导。2022年，通过种植粮食和蔬菜，经济收益50万元，为村集体增收10万余元，为股民分红1万余元，实现农民收入的提高、农村集体经济的壮大，为乡村振兴打下坚实的物质基础。如今合作社已拥有无人机、打药机、收割机等先进农业机械，吸纳了100余名群众在家门口就业。"每天不出

村就有百十块钱的收入，过起日子来也带劲。"村民齐金莉一边忙着种植辣椒，一边和姐妹们聊着天。

前些年，因为排水沟年久失修，遇到下大雨时村子里的水排不出去，大街上、胡同里到处流的都是污水，严重影响了大家的出行，可村集体又拿不出钱来整修。丁国明看到这一情况，经过与股民召开股东大会，拿出合作社村集体分红2万余元修缮排水沟。他自己带头把家里能用的农用工具全都拿出来，发动乡亲们出义工自己干，经过20多天的不懈努力，终于把村内2 000多米的排水沟全部修缮完毕，村民再也不用为下雨天发愁了。在他的带领下，村内建设起高标准活动场所、修建村内公路、每条胡同安装路灯、申请安装中丁乡第一处污水处理设备等。这几年，丁国明带领村民完成了一件又一件的大事，合作社的公信力、影响力也在不断提升。"喊一百句口号，不如做一件实事，答应老百姓的事情，就要实实在在地去完成，绝不能辜负老百姓们的期盼和信任。"村民丁丽霞说起这些事还一直为丁国明竖大拇指，感激之情溢于言表。

"你看前面的文体广场，晚上周围几个村的村民都会来到这跳舞健身，中丁村广场舞队连续三年荣获全县广场舞一等奖；将村内的墙体全部绘制成了文化墙，整个村子的文化气息越来越浓厚，通过每年开展的'好婆婆''好媳妇''庆云乡贤'的评选，发挥榜样的正能量，助推村庄发展，培育文明乡风，全村的精神文明意识得到了极大的提高。自从有了合作社，村民的基础设施也得到不断完善和提升，中丁村的村容村貌也发生了巨大的改变！"丁国明介绍着中丁村这几年的变化，脸上自然流露出自豪的表情。

丁国明曾荣获"县党建工作先进个人""庆云县优秀共产党员""德州市红旗农村党组织书记""庆云县好人之星""齐鲁乡村之星"等荣誉称号，他提出的《关于加强我省农村卫生环境整治的建议》被山东省人代会采纳。作为一名共产党员，丁国明想群众之所想，急群众之所急，切实为居民排忧解难，展示了一名共产党员亲民为民的良好形象。他踏实的工作和无私的奉献，受到了村里百姓的一致好评。

甘当服务者　勇做带头人

——记平原县高素质农民赵仲利

赵仲利，男，中共党员，现任平原县王凤楼镇天柴新村党支部书记、平原县天柴新村土地股份合作社法定代表人。他先后被授予"平原榜样"、"平原县优秀共产党员"、"平原县优秀党务工作者"、"平原县最美农民"、德州市"十佳新型职业农民"、"德州市担当作为好书记"等荣誉称号。天柴新村先后获得"市级文明村""省级文明村"荣誉称号。

一、敢闯敢试，率先成立村土地股份合作社

2015年开始，时任天柴新村党支部书记的赵仲利就意识到千家万户的小生产已不能适应千变万化的大市场，借助2017年镇政府鼓励各村发展党支部领办创办合作社的契机，他带领村党支部进行了充分调研论证，积极号召村民通过民主决策的方式在全镇率先成立平原县天柴新村土地股份合作社，并实现全村土地整建制入社。合作社成立之初，面临着资金不足、人手短缺等问题，他自掏腰包购买种子、化肥、农药，带头到地里播种、撒肥，确保合作社正常运转。面对天公不作美，小麦连续两次受冻害、玉米又赶上夏季大旱的情况，他一心扑在合作社上，带领社员白天晚上连轴转，对受冻害小麦加强管理，连续两个月轮流值班看护机器，对玉米进行人工灌溉。最终，功夫不负有心人，合作社种植的小麦、玉米的产量基本未受天灾影响，年底分红时为合作社村民交上了满意的答卷。

二、积极探索，发展现代高效农业

6年多来，他带领合作社从单一的粮食种植模式，逐渐发展为"粮食+

养殖+蔬菜大棚"的多元发展模式，发挥了良好的示范带动作用。一是在发展粮食种植的基础上，与山东登海道吉种业有限公司长期合作，开发种植了100亩试验田，进行玉米、小麦育种试验，既为合作社提供了高产品种，也进一步增加了村集体收入。二是自筹资金50万元，建设牛棚1处，发展肉牛养殖产业。三是开展农业生产机械化、科技化，合作社先后购买了收割机、烘干机等大型机械，又进一步完善了电气设施。2021年6月，采用"水肥一体化滴灌"技术铺设灌溉通道，从而更好地改善灌溉条件，大大提高了农业发展现代化水平。四是在传统种植业为主的基础上，适时优化种植结构，利用中央扶持项目资金相继建设14个冬暖式大棚，主要种植FA-832番茄、珍珠红西瓜、豇豆等，并带头打造"菜佳妙"蔬菜品牌，延长产业链，提高产值收益，一个棚一年的收益大约10万元，全年合作社实现盈余35万元。

三、心系群众，提高村民幸福指数

通过多种产业经营，合作社年均收益达40万元，村集体年均收入达10余万元，土地入股的村民年均每亩分红1 100元，村内20余户通过承包合作社的大棚，年收入保底5万元，多的达到了20万元。村民的人均收入有了较大提高，村民的生活水平显著改善，实现了合作社、村集体和村民的共赢。随着合作社的发展和村集体收入逐年增加，他带领村集体加大村庄建设的投入力度，粉刷大街3 000余平方米，加装路灯20余盏，先后拆除破旧房屋20余座，复垦的宅基地变成了小菜园、小果园。为解决老年人无处休闲娱乐的问题，村集体投资5万元建设村级花园1处，投资10万元对办公场所进行翻新，打造了娱乐室、图书室和观影室，免费对周边群众开放。同时积极推行自来水改造、气代煤改造。村集体还承担了全村群众的各项保险和水费，还为村里60岁以上的老年人发放老年补贴，为65岁以上老年人每年发放红包500元，为社员发放过年、过节福利。节日组织开展文娱活动，大大丰富了村民的精神文化生活，群众的幸福感越来越强。

一步步走来，看着村里的路越来越整洁，看着村里的文体公园越来越热闹，看着村民脸上丰收富足的喜悦，他的初心更加坚定！他将继续发扬俯首甘为孺子牛的精神，努力让村民过上更幸福的生活！

勇于创一流　争做排头兵

——记平原县高素质农民赵立国

赵立国，男，1965年9月出生，中共党员，农民助理农艺师，现任平原县张华镇高陈村党支部书记、平原县张华镇高陈土地股份专业合作社理事长，先后被评为平原县"八星级支部书记"、平原县人大代表、德州市"十佳新型职业农民"、"德州市优秀共产党员"。

一、牢记使命，衷心为民服务

自担任高陈村支部书记后，赵立国就立下誓言，要把高陈村建设成产业兴旺、生态宜居、乡风文明、治理有效、生活富裕的现代化村庄。他首先从村庄稳定抓起，带领支部一班人逐户走访，了解群众的需求，为群众解决实际困难，使村庄各项事务逐步走向正轨。他上任以来，村庄无一例上访事件发生，赢得了全镇干部群众的赞誉和周围村庄干部群众的羡慕。2021年1月，高陈村被德州市精神文明建设委员会评为"市级文明村镇"。

二、抢抓机遇，壮大集体经济

高陈村有人口222人，耕地面积413亩，为强村富民，紧跟国家乡村振兴的号角，2017年10月，成立了平原县张华镇高陈土地股份专业合作社。合作社将130亩土地以1 000元每亩的价格从群众手中流转到合作社，群众从土地中解放出来，实现就近打工，获取更多的经济效益，村集体的经济收入也得以提高，达到了集体、村民双增收的目的。村民逐步认识到土地流转带来的好处，2019年，合作社土地流转增长到了413亩，实现了全域流转。2022年实现村集体经济收入11万元，每年为社员分红8.92万元，为国家贡献小米、玉米578.2吨。通过"土地合作社+农业龙头企业"的方式实现农业转型、农民致富，成为全镇的标兵单位。

三、精耕细作，冲刺全县粮王

2022年，是德州市"吨半粮"生产能力建设开局之年，赵立国带领合作社人员，通过弱苗促壮、增施有机肥、合理化控、一喷三防等有效措施，特别是在小麦生长后期4次喷施绿K激活酶等生长激素和磷酸二氢钾等叶面肥，取得了较好的效果，通过平原县农业农村部门实打测产，单产达到804.41千克，荣获平原县"粮王大赛一等奖"和张华镇"粮王"的荣誉称号，为张华镇"吨半粮"生产能力建设增添了浓墨重彩的一笔，同时也为张华镇实现"吨半粮"生产能力建设开门红做出了突出贡献。

四、增添机械设备，服务周围群众

农业机械化水平是衡量现代农业发展程度的重要标志，合作社耕种管收各类大型机械设备增添到15台（套），服务周围村庄总面积5 000亩以上，每年承担深松项目1 500亩以上。在原有机械的基础上，经过改进，完成张华镇1 700余亩大豆玉米带状复合种植播种和收割任务。2021年，因参加平原县农业农村局安排的绿色高质高效项目成绩优良，为合作社争取到价值27万元的玉米籽粒收割机1台，极大地提升了合作社的作业能力，为实现主要粮食作物全程机械化提供了保障。

赵立国作为村干部，一心为民、担当作为，推动形成了高陈村良好的社会风气。作为高素质农民，提升技能、示范引领，带动广大干部群众增收致富。大家看在眼里，记在心里，纷纷给予其很高的评价。荣誉只代表过去，他将依然奋斗在乡村振兴第一线，以其特有的人格魅力影响着周围的干部群众。

勇立潮头　方显担当

——记陵城区高素质农民姜洪涛

姜洪涛，男，1962年3月出生，高中学历，现任德州市陵城区边临镇郭庄村党支部书记、德州市陵城区尚德种植专业合作社社长。先后获得陵城区"双带之星"、"陵城区优秀农村党支部书记"、陵城区"乡村致富之星"等荣誉称号。他带领郭庄村把高质量蔬菜卖到全国人大机关食堂。

受传统种植模式和生产资料价格不断上升的影响，农民经济收入增长缓慢，怎样才能挖掘土地潜力，让农民快速致富，他一直在思考这个问题。2017年9月18日，他有幸参加了陵城区新型职业农民培训，培训班上他不但学到了先进的农业生产技术及经营管理理念，更重要的是点燃了他的求知欲望和创业激情。9月27日，他带领有意向的村民前往寿光市，让他们亲身体验一下那里农民的劳动成果，通过和蔬菜种植户的交流学习，更让村民坚定了发展蔬菜大棚的决心。转换传统思路，改变种植模式，调整种植结构，成为他们工作的重中之重，2017年10月20日，以他为主注册成立了德州市陵城区尚德种植专业合作社。

村民有想法了，合作社也成立了，问题又来了，怎么能把菜种出来、卖出去，又愁住了。为保证发展大棚蔬菜效益，必须与一个有实力的公司合作，姜洪涛又促成了合作社与山

东美瑞农业发展有限公司合作。采用由公司全程服务，合作社引领管理，农户种植的现代农业新模式，建立"公司+合作社+农户"三位一体利益相关的蔬菜安全生产保障体系，采集蔬菜生产全程植保记录，建立精准的蔬菜质量追溯体系。从高起点建棚到科学种植管理、再到销售，全链条服务，这样有效降低了种植户的风险，村两委和村民的情绪特别高涨。紧接着就是流转土地，高兴之余难题又来了，年轻的村民愿意流转，岁数大点的人惜地如命，不愿意流转。45亩地涉及18户，有4户不同意流转，他通过调地换地、村党员干部轮番做思想工作等方法，4天后这4户的合同全部签完。通过大量的前期准备工作，终于在2017年11月底建成一期9个温室大棚并投入使用。

2018年，每个棚一季辣椒一季番茄的纯收入已达到8万元左右，是种植玉米、小麦的10倍。由于标准化管理和科学种植，所产出的番茄不仅口感好、色泽鲜、颜值高，更重要的是品质高、无公害。注册商标"尚德田园"番茄，并于2018年12月经山东省农业农村厅审定获无公害农产品证书。辣椒和番茄也吸引了很多外地客户，现在已与上海市、北京市、广州市等地客户签订了长期供货协议。最值得一提的是，合作社从2018年12月底开始和全国人大机关食堂签订了供货合同。

村民看到了收益，更增加了创业的信心。村两委马上召开支部会和全体党员及群众代表会，再次流转土地80亩，于2019年1月建成4座新型温室大棚和3座单拱冷棚并投入使用。2019年上半年每个棚种植的番茄毛收入在4万元左右，效益非常可观。为扩大种植规模，2020年5月引用外资300余万元，统一协调流转土地95亩，建成一座400平方米的玻璃连栋温室、一座2 000平方米的薄膜连栋温室、5座冬暖式日光温室、5座单拱冷棚，还建成有26个品种的果树林。

路漫漫其修远兮。姜洪涛表示，今后将更好地为"三农"服务，不断拓宽思路，不断系统学习，真正掌握现代农业的种植技术、管理技能，为群众致富、为乡村振兴贡献自己更大的力量。

麦浪里的致富带头人

——记乐陵市高素质农民李文和

李文和，男，汉族，中共党员，现任乐陵市丁坞镇苑小李村党支部书记。多年来，他始终坚持真抓实干，践行为民的初心，以"三类地"开发、"三资"清理等工作为突破口，以党支部领办合作社为载体，整合村内土地资源，发展农业规模化经营，积极探索农业发展的新模式、新方法、新路径，在破解农村承包地细碎化、发展集体经济等方面，探索总结出"支部创办合作社、合作社带领农户、企业和大户助推"的工作模式，激发了乡村振兴活力，走出了一条土地流转双赢的发展道路。

一、解放思想，推进农用地规模化经营

苑小李村青年人多以外出打工为主，村庄空壳化、人口老龄化、土地"撂荒化"现象严重，各类土地使用质效低、村级集体经济发展薄弱、人地矛盾突出等问题严重，各项民生工程推进较慢，而且由于村民与集体之间没有经济纽带，平时召开会议时村民参与讨论的积极性不高。为从源头上解决问题，全面激活村级集体经济发展活力，李文和带领村两委在符合国家政策和群众自愿的基础上，将未规模化经营耕地全部流转到村党支部领办专业合作社，以土地流转集中经营来进行规模化、专业化、集约化种植，提升土地经济效益，从而解决土地细碎化、种植效益低、生产设施落后、集体经济薄弱等一系列问题，带动村庄整体发展。

二、强化担当，推进闲散废弃地资源化利用

李文和作为合作社法人，与村两委班子成员实行"双向进入，交叉任职"，相互监督，认真履职，不断完善合作社运行规章制度，确保合作社规范运营。近年来，聚焦农村土地荒废率逐年提升、耕地"碎片化"等现状，李文和带领党支部成员，深入开展"三资"清理攻坚、人居环境整治

突破攻坚、土地整治、退林还耕等行动，清出家底、盘活资源，在丁坞镇司法工作小组的协助下，共计盘活土地80余亩，全部扩充进党支部领办的合作社，提升经营规模。此外，积极探索"村党组织+领办合作社+农户+经营主体"的"四位一体"农业经营模式，实施"小田并大田"土地托管模式，推动农田"优质、集中、连片"，通过"种管收售一条龙"服务，实现农田增量、农业增效、农民增收、集体增值。截至目前，党支部领办合作社流转土地共计350亩，按照相应"保底收益+二次分红"模式，实现村民增收，集体受益。经统计，村集体增收52万元，村民土地流转费、分红收益76万元。目前，合作社正在积极与龙头企业对接，开展育种及种子培育工程项目，深度挖掘潜在资源，激活村集体经济发展活力。

三、合理分配，实现多方合作共赢

通过集中土地流转，解决了承包地细碎化问题，便于集中规模化经营，实现了农户与现代农业有机衔接。苑小李村留守人员较多，为了让留守妇女、困难群体在"家门口"就业增收，李文和根据他们的意愿和身体情况，将他们招募到合作社务工，让他们在自己的地里干活，还能多挣一份钱。据统计，与以往个体经营相比，群众增收220%，在家门口实现双收益。合作社赚了钱，李文和带领支部从完善基础设施开始干起，修缮了公路，建设了桥涵闸，美化了人居环境，购进了先进的农业设备，带领青年干部外出学经营、学管理……如今的村庄干净整洁、人民生活康乐，到处焕发勃勃生机，得到党员、群众一致好评。

心系父老　一心富民

——记陵城区高素质农民黄云州

2008年，西于架村确定了以木业加工强村的目标，黄云州带头发展木业加工，贷款10万元创办了村里第一个木业加工厂，在黄云州的带动下，短短两年时间，村里木业加工户发展到30余家，安排周边村民就业400余人。2010年，黄云州组织村内有驾驶技术的人员到天津市打工学习，为10余名青年协助贷款100万元，购置10台重型汽车，组建运输队，形成了以天津市为中心的运输团队，为村里木业加工运输问题提供了有利条件。2014年，黄云州看准市里项目建设的机遇，抓住德尔利工业园建设的时机，创办了陵县宏州建筑工程有限公司，公司吸收周边村民70多人。

世代为农，乡间田野是情之所系；党员先锋，增产增收是责任所在。靠山能吃山，靠水能吃水，农民怎么就不能靠黄土地发家致富？自担任村支书起，黄云州便暗下决心，一定要在这黄土地上做文章，就靠祖宗留下来

的财富，带领村民走出发展困境。2017年9月，西于架村积极贯彻落实乡村振兴战略，带领村两委领办创办德州市陵城区汇德种植专业合作社，吸纳入社群众192户，入社土地960亩。同年11月，成立德州楚轩生态农业发展有限公司，并筹资2 000万元，创建楚轩综合产业园。园区采取"公司+党支部+合作社+农户"发展模式，大力发展设施农业蔬菜种植、高科技育苗、休闲观光、旅游采摘为一体的综合性产业园，并注册"汇德楚轩"蔬菜商标，现有5个单品获得国家绿色食品认证，楚轩综合产业园获评"山东省休闲农业精品园区"。

产业园现已打造出楚轩西瓜、红宝龙辣椒、大龙长茄、荷兰硬粉番茄等8个特色产品，并与多家单位建立合作关系，进行高端蔬菜订单生产，产品直供国家部委机关食堂。楚轩综合产业园日均客流量160人次，还先后接待考察团队150余次。楚轩综合产业园的成立，为村庄发展注入了"源头活水"，带领村民走出了一条党建带社建，村社共建；社富带民富，村民共富；强村与富民"双赢"，集体与群众"双增收"的新路子。仅2022年，西于架村集体增收50万元以上，入股村民分红150万元，安排就业500余人，带动农户400余户，带动周边地区建设优质蔬菜基地1 000亩，亩均纯收入增加2 000元。

此外，产业园十分注重农业科研投入，聘请了8名专业技术人员常年作技术指导。通过线上线下向家庭农场、种植公司和普通农户等种植者提供专业的种植服务，努力创建集发展定位、园区规划、温室建设、种植规划、技术服务和产品销售"六位一体"的服务体系，打造高端蔬菜全程产业链条。产业园全部建成后将集高端蔬菜品种示范试验育种基地、现代农业旅游观光基地、农产品深加工基地、农产品物流批发产业园、技术研发培训中心、电子商务公司于一体的现代化美丽田园综合体。

务实担当的新农村带头人

——记宁津县高素质农民李俊岗

他为人忠厚仁义,处事稳重细心,带头创业致富,是当地有名的农民企业家。他的创业事迹和果断干练的做事风格,他的担当奉献和服务百姓的真挚情怀,成为乡梓邻里学习的榜样。他团结村两委班子,工作锐意进取,服务父老乡亲,成为村级党员干部的表率。他就是宁津县长官镇李名扬村党支部书记李俊岗。

一、进取不止,在干事创业中历练出来的农民实干家

1995年,25岁的李俊岗所在的长官镇供销社改制裁员,他成了一名下岗工人。但他并没有因此消沉,而是积极地寻求自己人生的出路,依靠他做木器厂的几个朋友,他加入了木器加工行业。初次创业的他可谓白纸一张,没有经验、人脉和市场基础,一切都是从零开始,就这样摸着石头过河,实践了有一年多时间,木器厂已初具雏形,又经过8年的点滴积累,厂子小有规模。

李俊岗并没有满足现状,他觉得木器加工在宁津县的市场基本饱和,于是又把目光投向了消声器行业,转产成立了智祥消声器厂。李俊岗始终秉持"诚信经营、良性竞争"的从业原则,对客户诚实守信,对同行急公好义,在圈内赢得了良好口碑和名声。时至今日,智祥消声器厂不但在行业内站稳了脚跟,还发展成为当地小有名气的民营企业,为附近村庄提供了100多个就业岗位,李俊岗也成了李名扬村的致富带头人。

二、雷厉风行，在关键时刻奋勇担当的两委好班长

2017年底，李俊岗当选李名扬村的党支部书记。多年的企业经营让他知道"没有规矩不成方圆"，在他的推动下，李名扬村两委进行了大换血，村纪检委员、会计、综治主任都更换为年轻同志，并制定了严格的工作制度和纪律，在村班子里形成了"纪律严明、恪尽职守"的工作作风，树立了新任党支部的良好形象。

为了调动党员干部们干事创业的积极性，每次党员活动，他都会安排民主议事程序，村里的公益事业征求大家的意见建议，并创新活动形式，由村"两委"干部带头，每名党员轮流做工作发言，谈自己对村里发展的设想，并对村"两委"工作做出客观的评价。经过一年多时间的运行，整个村风得到了很大改善。老同行们常对他说："做自己的买卖不是挺舒服的嘛，干嘛要干这个村支书，受累不讨好的！"李俊岗却说："既然乡亲们信得过我，就不能辜负了大家的信赖和期望。大家把担子压在我身上，我就要扛起来，给村里做些实实在在的事儿。"

三、扑下身子，在服务群众中崭露头角的百姓好当家

李俊岗上任时，带领村两委班子以乡村振兴战略为契机，以农村产业融合发展为途径，从现代农业发展方面做文章，因地制宜确定自身优势，借助上级政策东风，大胆领办创办合作社。截至2023年8月，李明杨村党支部领办创办合作社共吸纳社员90户，360余人，流转土地500亩，购置无人机3台，收割机2台，播种机5台，收蒜机3台。合作社为降低风险，采取多样性种养结合的模式，除了成方连片的特色农业种植，还积极利用路边、沟渠等零散土地，大力发展边角经济。采取粮果间作、粮菜间作等模式，种植苹果树30亩、桃树40亩、花椒20亩，田间种植白菜、辣椒等经济作物，实现立体式、多样化种植模式。村党支部领办创办合作社在较短的时间内步入正轨，还获评"农民专业合作社省级示范社"，村集体有了收入，村民有了分红，李俊岗脸上也有了笑容。

这就是李俊岗，一个务实担当、心系百姓的好支书，他没有什么豪言壮语，也没有什么惊天事迹，他只是扎实地立足在生他养他的这片乡土里，践行初心、凝聚民心，在振兴乡村的道路上一路前行。

为民多奉献　为党添光彩

——记禹城市高素质农民程培军

程培军，男，1971年4月出生，汉族，中共党员，现任禹城市莒镇程庄村党支部书记。作为一位村级父母官，程培军时时处处以党员的标准严格要求自己。自上任以来，他始终把群众满意作为衡量工作成效的根本标准，主动从群众最盼、最愿、最急、最难的事情做起，以民为本，无私奉献，恪尽职守，自我加压，尽心尽力为群众办实事、办好事，赢得了群众的理解和支持，干群一心，共谋发展，实现了村庄经济和各项事业的长足发展。

一、改善生活条件

程庄村地处偏远，距离环乡路2千米，道路崎岖，坑洼不平，村民外出非常不方便。程培军借上级户户通的有利时机，多方筹措资金，准备硬化道路，但好事难办，有谁知他背后的辛苦——"迁占"难。新建道路要征用部分村民的土地和采伐碍事的树木，有些村民要么不愿意，要么要求高价赔偿。"修路是利在当代，功在千秋的好事，占用一些土地是情理之中的，大家要有全局意识，多一点理解和支持。"程培军带领村两委干部挨家挨户进行宣传和动员，苦口婆心给村民做思想工作，终于做通群众工作。村民自愿地让出家门口的土地，并积极采伐了树木，保证了项目的顺利进行。4米宽的水泥路面通到了环乡路，红砖路面通达每个院子，道路硬化后，彻底解决了困扰村民多年来的出

行难问题，极大地改善了村民的生活居住环境。

二、抓好结构调整

程庄村是一个纯农业村，各方面优势不明显，群众增收缓慢。上任之后，程培军经过和村干部、群众多方探讨，将农业产业结构调整作为农民致富增收的好路子。如何提升经营管理水平和生产技能，成为摆在程培军面前一件棘手的难题。2019年，经过镇政府推荐，他有幸参加全市高素质农民培训班，通过在德州市和禹城市两个阶段的全面系统学习，仿佛给他打开了一扇"科技赋能的窗户"，只有通过学习，为农业插上"科技的翅膀"，才能真正实现农业的丰产丰收。在德州市提出"吨半粮"生产能力建设之际，他审时度势，立足本村实际，从增产增收的经济维度，义不容辞担起"吨半粮"和"大豆玉米带状复合种植"责任。从发展角度，踔厉奋发推进"富民"征程，带领村两委打造程庄村"一亩双田"。

三、增加农民收入

切实贯彻"书记抓粮"责任，坚持党建引领，坚持土地标准化、种植规模化、管理社会化、生产机械化、农业产业化，将300亩地块划分为一个种植单元，建设"智慧农田"。全力落实选区域、选主体、选模式"三选"任务，抓好定品种、定农机、定农药"三定"工作，让专家带着干、让群众说了算、让产量比着看。推广优质豆种齐黄34和玉米种登海605，实施统一种植、统一管理、统一收获。"功夫不负有心人"，2022年，在"吨半粮"生产能力建设中，程庄村40余户小麦亩产750千克，玉米亩产800千克，套种大豆亩产100千克，实现产量和收入双增长，现在谈及此事，村民笑逐颜开："玉米不减产，大豆算白捡。"同年，程培军被评为禹城市"种粮能手"。2023年，程培军被评为德州市"种粮能手"。

程培军带领村两委，坚持以群众需求为导向，通过有效治理和贴心服务，有效解决群众的烦心事、操心事、揪心事，用一件件看得见、摸得着、有温度的民生实事，不断推进程庄村跨越式发展，群众的获得感、幸福感持续增强。"成绩代表过去，未来仍需努力，争创德州市粮王。"程培军信心满满地说。

当好带头人 走好富裕路

——记宁津县高素质农民刘立森

刘立森，男，1969年出生，中共党员，现任宁津县长官镇郭相村党支部书记。近年来，他团结带领村两委，坚持以为民服务为己任，勤奋务实、开拓创新，想群众所想、急群众所急、解群众所困，狠抓乡村振兴各项工作落实，把郭相村打造成环境美丽、农民富裕、产业兴旺的美丽乡村。

一、强党建，知难而上勇挑重担

人看人，户看户，群众看支部。自当选村党支部书记以来，刘立森带头落实村干部值班制度，他坚持"小事议、大事商"，充分利用"四议两公开"工作法，着力解决脱贫攻坚、宅基地改革、人居环境改善、居家养老等群众关心的热点、难点问题。2019年，经村两委多次和村里的老党员、老同志及群众代表探讨、研究、商议后，集中开展"清家底"行动。纠正和清理逾期未收回、拖欠承包费、私自占用集体土地资源等问题，逐户建立台账，对村内168户高价地进行统一征收，收回土地承包费424 564元，既增加了村集体收入，村风、村貌也有了很大的变化，郭相村2020年被评为"县级文明村"。

二、育产业，因地制宜发展养殖

宁津郭相种植专业合作社为村党组织领办创办合作社，创立于2020年。按照发展现代农业的总体要求，以保障市场供应、增加村集体收入为目标，因地制宜，以农村"三类地"开发利用为切入点。结合当地的资源与生态环境，开展特色泥鳅养殖。为解决启动资金问题，经村两委商议一致同意后，确立了"基地+专业合作社+农户"模式。村两委带头创业入股，打消了群众顾虑，带动了群众参股合作社的积极性，很快80万元启动资金筹集到位。就这样，占地30亩的泥鳅养殖基地建起来了，共建设养殖坑塘4

个，配套机井3眼，投放泥鳅苗2 000万尾，每期收入达36万元，仅一期养殖就实现村集体收入近10万元。

三、促美丽，大力整治村容村貌

刘立森积极推动郭相村农村人居环境整治，大力提升美丽乡村建设水平，建成集党员教育、科学普及、普法教育于一体的美丽乡村。在他和村两委带领下，翻新水泥路1 800米，村内主副街道全部硬化，达到"户户通"，方便了村民出行。更换安装全村路灯45盏，实现主街道全部亮化。经过近几年的绿化攻坚行动，在村内先后栽植绿化树木80棵，村庄绿化率达到了42%。清理村内及周边残垣断壁6处，清理垃圾5吨，村庄更加干净整洁。推进"厕所革命"，改造旱厕150座、公共厕所1座。完善文化广场等配套设施，村民休闲健身娱乐有了好去处。对村址周边围墙进行美化，粉刷绘制文化墙1 400平方米，村庄更加靓丽多彩。

四、转乡风，稳步提升村民内涵

乡村振兴，不仅要有物质生活的提高，还离不开村民精神面貌的重塑。近年来，刘立森带领村两委班子成员，成立红白理事会，大力倡导文明新风尚，红白事大操大办、婚丧嫁娶盲目攀比的风气得到根本扭转。郭相村积极开展"美丽庭院"创建活动，培树村民"知美、爱美、建美、护美"意识，以环境美促进精神美。每年开展"星级文明户""好婆婆""好媳妇"等评选活动，通过选树身边典型，在全村营造见贤思齐、孝老爱亲、向上向善的浓厚氛围。同时，刘立森组织村内有成就、有威望的村民组成村民调解委员会，村民之间的矛盾在村内便得到有效化解，成功做到了将矛盾"吸附在当地"，多年来，郭相村未发生一起上访事件。

诚实守信践初心

——记临邑县高素质农民张光青

张光青，男，汉族，1972年4月出生，中共党员，大学学历。现任临邑县双张村党支部副书记、临邑华谊制粉有限公司总经理、临邑县人大代表。他先后被授予"临邑县劳动模范"、"临邑县道德模范"、"犁城乡村之星"、德州市"十佳新型职业农民"、"齐鲁乡村之星"、"山东省担当作为好书记"等荣誉称号。临邑华谊制粉有限公司被评为"德州市农业产业化重点龙头企业"。

一、立场坚定，诚实守信为人民

张光青始终把办好民生实事作为一项重大政治任务来抓，保持着诚实守信、忠诚正直、自强进取的高尚品格。2018年，他带领全村党员群众创办了临邑广茂土地股份专业合作社，解决了村内老弱病残等弱势群众的种地

难题。合作社实行保底收益和按股分红相结合的方式进行收益分配，每年给农户分红保底收益1 000元，剩余收入按照20%、30%、50%的比例分别分配给村民、合作社、村集体。2022年，由于气候较好，雨水充足，合作社的粮食收成高于往年，于是他主动发挥先锋作用，在既定合同每亩地1 000元承包费的基础上，他主动提出为每名群众每亩地多分红200元。

二、坚守初心，实绩突出强担当

张光青担任西张村党支部书记期间，带领村干部多次邀请相关专家，就如何做好"沉睡资源"开发利用问题进行商讨，最终确定了发展"村域沉睡资源聚合经济"这一群众共富的产业路子。全村共整理出可供种植、绿化的平整连片土地200余亩。利用沉睡资源发展特色产业，建设大型采摘果园1处，种植梨树、桃树、苹果树、樱桃树等2 209棵。采取"认领"的方式，每棵收取100元管理费，作为村集体经济收入。后又投资33万元，新建冬暖采摘大棚3个，当年实现集体收益4.2万元。

三、自强进取，勤奋实干谋共富

为延长农产品产业链，更好地与合作社和种粮大户对接，张光青创办了临邑华谊制粉有限公司。自公司成立以来，他始终坚持做好产品、服务社会的经营理念。近年来，公司一直与临邑县华辉种植专业合作社、临邑县广茂种植专业合作社深入交流合作，大力发展优质麦种植，产品畅销全国各地，带动了当地村民经济增收，特别是在西张村的脱贫过程中起到了关键作用。2022年，林子镇成立了全县首个党支部领办合作社联合社，在得知联合社成立的消息后，他第一时间与联合社签订合作协议，订单式收购联合社粮食，解决了联合社粮食销路问题，助力各成员社增产增收。为进一步延伸农产品产业链条，他主动融入党建联合体的发展模式中，对接山东智慧未来农业有限公司等，共同打造了"春槐秋实"农产品地域商标，开发出小麦粉、全麦粉、辣椒酱等多个集体经济产品，进一步提高了产品附加值，为乡村振兴做出了突出贡献。

殚精竭力　振兴乡村

——记临邑县高素质农民魏设堂

魏设堂，男，1963年3月出生，汉族，中共党员，高中学历，现任临邑县理合务镇沙于村党支部书记。魏设堂作为沙于村的带头人，一直将带领全村走共同富裕之路，走产业强、环境美、文化活、收入高、幸福长之路作为自己的责任和义务，为本村的振兴鞠躬尽瘁，殚精竭力。

一、发展大棚蔬菜，实现共同致富

"要想富得快，多种大棚菜"。多少个日日夜夜，多少个风风雨雨，他走街串户做群众的思想工作，使他们认识到大棚蔬菜种植是发家致富的捷径。他经过不懈的努力，在8个生产组中采取换地、调地、承包、转让等各种措施，使全村的蔬菜大棚飞速发展。现在全村共有标准蔬菜大棚538个，每年上千万元的收入使大部分农民提前跨入了小康生活的行列。最终使全体村民从认识到认可，又到争先恐后地抢种，真正做到了质的飞跃。

面对日进斗金的蔬菜大棚，魏设堂带领部分党员和群众代表先后到寿光市、齐河县、商河县等蔬菜建设基地学习种植蔬菜的先进技术和经验。建设"智能大棚"，是他的心愿！近几年，他精心指导和帮助各个蔬菜大棚种植户，集中购进钢管铁架改进传统的竹木结构大棚，又先后购进无滴棚膜、种子农药、高级棉被、运输车、滴灌设施、智能防虫等设备，使每个蔬菜大棚的产量、质量都提高了35%以上。他根据市场需求，推动蔬菜大棚种植多样化，几百个蔬菜大棚分片、分区域种植番茄、五色彩椒、芸豆、大扁豆、长豆角、短豆角、生菜、韭菜、西瓜、甜瓜、黄瓜等特色品种。

二、建设美丽村庄，打造宜居环境

2018年以来，沙于村成立了以他为首的建设美丽乡村领导小组，集中购进国槐、冬青、塔松、侧柏、柿子树、车厘子树、海棠树等花卉苗木，按照地段对村内道路两侧，每户庭院前后进行了绿化美化，整个村的人们一年四季都生活在美丽的环境内。

雨水排放，污水处理是困扰沙于村多年的难题。于是他带领一班人修建了1 350米的生活污水排放管道和640余米的雨水排放管沟，使压在心头多年的难题得到了彻底的解决。他将村内126个垃圾桶定点、定人、定时管理和清理，真正改变了村民多年的陋习，使空气更加清新。他带领村民把村内道路两旁铺上了红砖，还安装了50余盏太阳能路灯，30余个覆盖全村的监控摄像头，使全村村民的生活既安全又亮丽，更卫生。

三、开展移风易俗，建设乡村文明

乡村文明是乡村振兴的"魂"，魏设堂带领社区的党员群众建立党群之窗、阅览室、科普书刊、老年活动室、儿童乐园、文化平台等，大大提高了村民的文明意识。建立健全红白理事会，制定"村规民约"。宣传婚事新办，丧事简办，不浪费、不攀比的文明新风尚。"文化润人"，沙于村又修建了一个1 650平方米的新广场，更加丰富了人们的业余文化生活。每晚在明亮的路灯下，跳舞、唱歌、扭秧歌、打篮球和羽毛球的人们布满广场的各个角落，一派祥和升平、欢乐的景象笼罩村庄上空。

面对飞速发展和日新月异的变化，魏设堂又组织党员干部成立了《村志》编修小组，将村内千年的传承，村忆村愁、名人轶事、历史发展等用文字永恒地记录下来，让子孙后代永远不忘初心，牢记使命。经过一年多的努力，完成了37万余字，13章、48节的初稿，得到了各级领导和村民的好评，使沙于村在文化传承、文明建设等方面更上一层楼。

沙于村先后荣获县级、市级、省级文明村的殊荣。百尺竿头、更进一步，魏设堂将带领全体村民向全国文明村庄的目标迈进！

头雁领航风帆劲　为民服务谋振兴

——记乐陵市高素质农民石海岗

石海岗，男，中共党员，现任乐陵市杨安镇前石村党支部书记、乐陵市杨安镇前石村土地股份专业合作社负责人。石海岗任村党支部书记以来，坚持党建引领，发挥示范带动，牢记群众利益无小事，真心诚意为群众办实事、解难事。

2016年麦收前，天降大雨，村里道路满是泥泞，恰逢小麦收割，村民们都愁眉不展。面对摆在眼前的现状，石海岗慷慨解囊，将村南一条主干街道铺上红砖，使人们收小麦的农用车可以进出。在道路铺设中，他带领家人主动干活，由于多年很少进行体力劳动，磨得满手血泡，但一直坚持干完。在场的村民都非常感动地说："你捐这么多钱就已经很好了，这么热的天你就别跟着干了。"但他总是笑着说："没事没事，能为家乡父老乡亲做点事非常高兴！"三夏过后，他又带领村内党员群众捐款2万余元，将村南多年未通的道路整修通车。为方便群众灌溉农田，石海岗自己出资在

村水塘边铺设300余米电缆线，解决了群众的灌溉难题。

2017年春节后，因为村内经费不足，路灯只有节假日才点亮，村里老人出行黑灯瞎火，很不方便。石海岗便号召广大年轻人回报家乡，发起助力家乡光明行动，方便家里老人安全出行。短短两三个小时，村里年轻人就筹集了三年的路灯电费。从此，前石村路灯天天晚上准时亮起，村里老人夜晚出行安全有了保障，成为周围村庄的一个亮点，全村父老乡亲交口称赞。

2019年，石海岗带领成立乐陵市杨安镇前石村土地股份专业合作社，发动98户村民签订入社合同，入股土地387亩。合作社与本地企业山东德本农业发展有限公司合作，提供"大三花"种鹅鹅苗及技术指导、对接销售渠道。为进一步发挥种养循环产业优势，他又带领合作社拓展渠道，新建设了种鹅孵化基地，使合作社不断走向良性发展。合作社致力于延长创新产业经济发展链条，把优质玉米优先在市场售出，把低劣玉米用来制作饲料，实现低成本养殖。年净利润50余万元，为村集体收入增收5万元，入社群众每亩地保底收益1 100元，真正实现了村集体和农民的"双增收"。

为增加村集体收入，除党支部领办合作社外，石海岗发动党员群众深入挖掘村内"沉睡资源"，整理出40余亩水面，整平15亩池塘。将整理好的水面池塘一次性发包，仅池塘一项村集体增收6 000余元。在他的带领下，全村村民和谐团结促生产，组建了"三人生产小组"。让70多岁的老人在家都能轻松种植十几亩地，解放了大批劳动力，减轻了村民的劳作负担。使打工的村民可以安心在外务工，提高了村民整体收入，得到外出务工人员的一致认可。谁回来碰到他都热心邀请他到家做客，他总是说，"你们在外安心发展，家里的老人和田里的庄稼请放心，有什么事打电话，不用这么客气。"

善除害者察其本，善理疾者绝其源。在石海岗的带领下，前石村村民的生活越过越好，每个人都充满了干劲、充满了对美好生活的向往。石海岗立志要把前石村打造成"出入相友，守望相助，疾病相扶持，则百姓亲睦"的模范村庄。

办好合作社　筑好富民路

——记乐陵市高素质农民郭仁强

郭仁强，男，中共党员，现任乐陵市化楼镇后魏村党支部书记、乐陵市化楼镇后魏村土地股份专业合作社理事长。他勤奋敬业，服务为民，解百姓之忧，排群众之难，在基层党组织建设、壮大村集体经济、改善民生提升群众幸福指数等方面都发挥着先锋模范作用，赢得了群众的认可和支持。

乐陵市化楼镇后魏村土地股份专业合作社是化楼镇党支部领办创办土地合作社的成功典例，这离不开郭仁强的努力。任后魏村党支部书记期间，郭仁强带领党支部党员赴安徽省亳州市、滨州市无棣县、济南市商河县、德州市宁津县等地参观学习，结合本村实际情况，量身打造了一支"有人管事、有章理事"的过硬合作社"班子"队伍，并建立起一套有管理、有决策、有监督的"三有"合作社管理体系，并将合作社纳入村内"三务公开"范畴。

合作社成立初期，因村集体经济发展缓慢，经营资金不足成为阻碍合作社运营的一大短板。作为党支部书记、合作社理事长的郭仁强，积极发挥先锋模范作用，用自己的信用和家庭资产做担保，发动本村有经济实力的合作社成员资金入股，累计吸收资金6万余元。补齐了种子、化肥、耕种等所需资金，有效破解了"启动资金"的难题。

为进一步破解传统农作物收益低的难题，合作社以提升种植效益为目标导向，为社员争取"兜底"保障。积极与宁津县种子公司洽谈对接，并邀请其代表到本村实地考察，明确种植品种，分析种植效益，最终建立了良种种植合作关系。合作社负责种植管理，种子公司负责提供优质原种和农作物回购，种植收益单价比普通小麦高出0.15元。2020年繁育小麦良种150亩，其余地块全部种植中药丹参，既优化了结构又降低了风险。按照订单农业发展模式，完善"种植+回收"合作机制，有效破解了"种什么""稳收入"的难题。

合作社成立以来，充分尊重群众意愿，不强逼、不硬推，明确入社按股分红，退出自由，不借机调整土地，切实保障群众合法权益。这一建社原则受到群众的一致认可和响应，合作社现已吸纳农户61户、197人，入社耕地272亩，全村80%以上耕地实现了合作社统一耕种管理。先后争取帮扶及补贴资金40余万元，建设了晾晒场和粮食储藏库，购置了大型播种机、联合收割机、喷药机等农业机械，安装1 500余米的地下灌溉管道，开挖沟渠3 000多米。水利配套设施大为完善，全部实现机械化作业种植，机械费用较原来节省近50%，生产资料成本降低30%。截至2023年初，合作社耕地亩产收入已超2 500元，全年总收入超100万元，合作社社员每户年增收6 000元以上，丧失劳动力的社员也可领取每亩1 400元分红。后魏村在合作社不断盈利的基础上，带动村集体增收10余万元，既保障了合作社顺利运营，又加大了村级基础设施建设，提升了群众幸福感。

作为一名村支部书记，一位高素质农民，郭仁强舍小家为大家，求创新促增收，发挥着共产党员的先锋模范作用，成为带领村庄发展的"领头雁"，用实际行动诠释了一名共产党员的责任和担当。

实施党建引领 推进乡村振兴

——记夏津县高素质农民李祥诗

李祥诗,男,1971年7月出生,中共党员,大专学历,现任夏津县新盛店镇小李庄村党支部书记、夏津县新盛店镇土地股份农民专业合作社联合社理事长、夏津县新盛店镇小李庄村土地股份专业合作社理事长。

一、党建引领,领办创办合作社

李祥诗一直生活在农村,始终从事农业生产。他深知农民种地非常不容易,有时因为不懂技术而造成作物减产;一家一户的种植模式地块零散,大型的农业机械无法使用,造成产量不高,效益低下;还有现在的年轻人外出打工,村里主要由老年人和妇女种地。2015年,李祥诗任小李庄村党支部书记,牵头成立夏津县新盛店镇小李庄村土地股份专业合作社。群众以土地入股,由合作社统一经营,村民全程监管,合作社按规操作,去除成本后,所得收益由合作社与农户按比分红。这样解决了种地的难题,减少了支出,村集体和村民都获得了收益。

二、共同发展,发挥联合社作用

2020年6月,新盛店镇政府发动全镇70个村成立夏津县新盛店镇土地股份农民专业合作社联合社,李祥诗被推举为联合社理事长。联合社成立后,李祥诗深入各村,与村干部、群众座谈,倾听群众意愿,了解到老百姓每

年从小农资店购买农资，不但价格高，质量还没保障，维权也非常困难。李祥诗带领各村合作社负责人去生产厂家实地参观，和生产厂家交流、座谈。然后根据各厂家的报价，70个村合作社的负责人进行投票，最终决定采购农资的品牌。连续几年联合社为合作社成员统一购买农资，群众买到了质优价廉的农资，降低了支出，提高了收入。

三、积极争取，开展大田托管项目

2021年，李祥诗与县农业主管部门积极对接，争取到了大田托管项目6 338.95亩。在联合社所属的拐儿庄村、忠信寨村、北马庄村、小李庄村、佘庄村、东马庄村6个村庄开展大田托管，从耕、种、收全程为村民提供服务。整合所属村庄的农机加入到联合社，统一进行作业服务，各村合作社和村民代表全程进行监督，确认作业合格后进行签字。整个项目实施过程中，李祥诗深入各村开展工作，与合作社人员起早贪黑盯在现场，确保各个环节不出差错，保证了作业服务质量，群众节省了种地成本，节约了劳动力，取得了非常好的社会效益。

四、不断学习，为农民提供服务

李祥诗积极参加各类农业培训，多渠道获取农业知识。2020年，参加德州市新型农业经营主体带头人培训；2023年，参加德州市高素质农民培训，均被评为"优秀学员"。通过系统学习，学到了国家关于"三农"的各项好政策，还开阔了眼界，激发了参与农业的热情。利用自己掌握的农业知识，向农民传授种植技术，帮助他们解决生产中遇到的困难。2023年5月，李祥诗参加夏津县党员业务骨干培训班并被聘为全县优秀特聘教师，多次在新盛店镇党员培训中进行授课，宣传党的"三农"政策和农业种植新模式，推广整合村里的耕地资源，推进土地流转，带动村庄共同发展。2023年8月，在夏津县委组织部举办的党员教育中心"一校一精品"活动中，李祥诗结合自身工作经历，作题目为"凝聚党群合力，以产业发展促乡村振兴"的演讲，并荣获二等奖。

下一步，李祥诗决心继续发扬党员先锋模范带头作用，为农民做好农业技术服务，为德州市乡村振兴做出更多的贡献！

03

乡村振兴·人才赋能

巾帼奉献篇

从"种地小白"逆袭到"夏津粮王"

——记夏津县高素质农民程爱红

程爱红,女,1964年2月生,大专文化,现任夏津县苏留庄镇素久种植农民专业合作社理事长。她尤其擅长优质小麦、玉米的种植,先后荣获"齐鲁乡村之星"、德州市"种粮能手"、夏津县"粮王"等荣誉称号。2020年12月,合作社被评为"农民专业合作社省级示范社"。

一、不忘初心

程爱红原是企业职工,但她的祖辈都是农民,从小她就耳濡目染了农民的艰辛,产生了带领农民摆脱贫困的梦想。但苦于没有实践经验,可以说是"种地小白"。为了实现这个梦想,她积极参加高素质农民培训,综合素质和生产经营水平得到明显提高,大大增强了二次创业的信心。退休后,她立即成立夏津县苏留庄镇素久种植农民专业合作社,为种植户做好产前、产中、产后的一系列服务。考虑到今后人们消费水平的提高,对健康食品的渴求,合作社取名"素久",并注册"素久康食"和"素久益康"两个商标,代表朴实、无公害、长久之意,随后又成功申报了大葱无公害农产品认证。

二、无怨无悔

合作社成立后,程爱红还申请成为特聘农技员,她感到无比荣耀。她时刻践行着特聘农技员的责任与担当，始终坚持着不误农时、不畏风雨、不惧烈日、不怕吃苦的精神，手把手教农民科学种田，实打实促农民增收。当农民脸颊上呈现出增收喜悦的笑容时，她感受到的是辛勤换来的欣慰和幸福，体味到的是奉献带来的快乐与自豪！她每天与农户面对面地接触，走访农户、深入田间，把技术讲给农民听、示范给农民看。现在合作社务工人员有10多人，都是留守在家的妇女，她们在程爱红带动下都成为了种田的行家里手，既能通过务工增加经济收入，又方便照顾孩子和老人。

三、毫无保留

在德州市2022年"粮王"大赛活动中，程爱红以小麦亩产833.6千克、玉米亩产987.0千克，两季亩产合计1 820.6千克荣获夏津县"粮王"。在德州市2023年"粮王"大赛活动中，她又以小麦亩产785.39千克、玉米亩产948.94千克，两季亩产合计1 734.33千克再获夏津县"粮王"。为了带领更多农民增产增收，她毫无保留地将她成为夏津县"粮王"的经验与体会分享给周围农民，给他们讲解种地知识与技术，辐射带动周边村庄百余户农民增产增收，因此成了那一带远近闻名的种地能手。她还积极引领周边农民回收使用过的种子、农药、化肥废弃包装袋，避免对土壤造成污染。

下一步，程爱红将以全面实施乡村产业振兴为契机，尽职尽责地做好自己的本职工作，为农民提供更好的全方位技术服务，满足农民群众对农业生产、农业科技的迫切需求，真正为农民带来收益。

用好"新媒体" 争做巾帼"领头雁"

——记陵城区高素质农民于海霞

于海霞，女，陵城区义渡口镇人，现任陵城区人大代表、德州苏欧德清真食品有限公司销售总监。她思想进步、勤于学习、善于沟通、诚信待人，是当地公认的一位地地道道的女农民企业家。

2015年，于海霞和合伙人接手了德州苏欧德清真食品有限公司，当时公司濒临破产，销售量几乎为零。接手伊始，她和合伙人进行了大刀阔斧的改革，并明确一人主抓生产，一人主攻销售，凭着过硬的管理经验，一年后她就带领公司打了个漂亮的翻身仗，成功地扭亏为盈。于海霞深知"知识就是力量"，为了拓宽销售渠道，她四处求师，不断学习最前沿的销售方法，并和传统销售方法有机结合，形成一套适合自己的独特销售渠道。

2020年，突发新冠疫情，线下实体店受到严重的冲击，于海霞积极开拓网上渠道，利用社区团购开展销售。由于疫情突发，很多农产品一度积压在田间地头，甚至坏掉烂掉。作为农民的女儿，她深知农民的不易，决定用自己的销售渠道，通过社区团购，帮助农民解决了"农产品难销售"这个燃眉之急，其中在帮助夏津农民线上卖韭菜时，最多秒杀一分钟4 000余单。公司主打产品——德州扒鸡，线上秒杀最多时达3万单，成功带

领公司走出困境。为助力德州扒鸡走向全国，走向世界，2020年6月，于海霞又成立分公司——德州市鲁德斋扒鸡有限公司。2022年，公司网红扒鸡产品的线上销量达全网前5名。

  2021年，于海霞当选为陵城区人大代表，她深感责任重大。于海霞常说自己是农民的女儿，要帮助家乡的农民共同发家致富。她充分利用自身所长，协助陵城区政府在五虎社区健全直播基地，成功举办网上直播展销会，获得前来参观的德州市领导的一致好评！2022年8月，在德州市电商观摩比赛中，她组建的直播团队获得"双一"的好成绩。

  2022年初，为了振兴乡村经济，经多方考察，于海霞在家乡陵城区又建立了食用菌种植基地。聘请专业人员，加大科技研发力度，让科技助力生产。基地所用菌种均自主研发，其菌种的品质优良，在国内首屈一指。特别是小叶蘑菇，叶片厚，产量高，生长周期长，投入市场后，供不应求。还培育出高端的"黄金菇""羊肚菌"。黄金菇气香，味淡，具有润肺生津、滋补健身、健脾和胃的功效；羊肚菌作为一种珍稀的食药两用真菌，有着出色的滋补功效，食用后能增强体质，减少多种疾病的发生。两种菌菇一经投入市场，立刻供不应求，目前已初步形成"培菌种—育菌棚—销售链"一条龙的产销模式。基地不但为当地农民提供了大量就业机会，带动了当地百姓增收，也以此为契机，为当地农民带去创业的理念和机遇，实现了巩固脱贫攻坚成果同乡村振兴的有效衔接。

  于海霞作为一位成功的女性代表，也特别能理解宝妈群体的需求，她在原有电商的基础上，又整合跨境电商，公益为广大农民朋友，特别是家庭妇女上课，教授她们网上销售的方法和技巧，让她们在照顾孩子、照料家庭及农忙之余还能增加收入，因此她受到大家的一致好评。

  于海霞常说："是党给了我幸福的生活，我将撸起袖子加油干，一如既往地努力奋斗，为家乡、为社会做出更大的贡献！"

农家女矢志做农业　巧借力编出富裕路

——记禹城市高素质农民吴多霞

吴多霞，女，山东省妇代会代表，2016年成立禹城市吴多霞家庭农场，2017年参加高素质农民培训，成为基层农技推广补助项目的科技示范主体。从事农业十几年来，通过调整种植结构，探索市场规律，实现了种植效益的连年提高，成为当地群众致富的典型。她先后被授予"禹城市乡村好青年"、禹城市"十佳新型职业农民"、"德州市乡村好青年"、德州市"乡村科技之星"、德州市"种粮能手"、"齐鲁乡村之星"等荣誉称号。

吴多霞中专毕业以后，也曾迷茫、也曾彷徨，她选择外出打工，婚后经商办企业。生活的历练和艰辛，成长路上的坎坎坷坷，养成了她坚韧不拔、吃苦耐劳、勤于思考、睿智善思的性格。虽然一日三餐、衣食无忧，但是她逐渐感觉这种按部就班的生活与自己的理想渐行渐远，于是她毅然决然选择了事业转型，依靠党的富民政策，在农业上闯出了一条新路。为此，她说服了经商的丈夫，2012年秋季带头参加了村里的土地流转，当年承包土地200余亩。流转的第一年，由于自己农业科技知识的欠缺，加上管理不善，当年血本无归。为此，亲戚朋友和丈夫都劝她赶紧放弃。有很多次，吴多霞也打了退堂鼓，就在这时，她在禹城新闻上看到了山东省新型职业农民创业培育学员招生的信息，随后报名参加了2015年新型职业农民创业培训在济南市的培训班。在封闭紧张学习的半个月里，通过老师生动活泼、内容丰富、理论前沿的授课，师生的互动、课堂的演练开阔了她的视野，再加上和其他学员的交流，更进一步坚定了她从事现代农业的信心和决心。回到家乡后，她迅速调整种植结构，将粮食种植和蔬菜种植有机结合，辐射带动周边种植户发家致富。2020年农场被评为"家庭农场市级示范场"，2021年获得"山东省职业农民乡村振兴示范站"的授牌，2022年获批"山东省巾帼现代农业示范基地"。

2022年，吴多霞带头响应国家号召，发展大豆玉米带状复合种植560亩，整个种植过程得到了农业农村部门技术、资金、政策的鼎力支持，她也在实践中总结出"适墒播种是关键、分类除草是核心、化控及时夺高产、适时收获保平安"的四步复合种植法，并取得了超预期的收获。其中大豆每亩121.1千克、玉米每亩705千克，实现了"玉米基本不减产、大豆算白捡"。2023年，她作为全国唯一的种粮大户代表，受邀参加了农业农村部召开的2023年大豆玉米带状复合种植示范推广座谈会。

"一花独放不是春、百花齐放春满园"，吴多霞表示，在各级党委、政府和农业农村部门的大力支持下，继续加强农业经营管理、农业生产技术等知识的学习，带领广大群众在乡村振兴新征程上再立新功。

忆往昔筚路蓝缕　看今朝春华秋实

——记禹城市高素质农民陈桂芳

陈桂芳，女，现任禹城市辛店镇和秀春家庭农场理事长。从事农业10几年来，她注重学习、拓宽视野，通过发挥农业科技引领、为农业发展"插上了科技的翅膀"。她发展绿色高效生态农业，申报了"绿色农产品标志"，注册了"煜壇"商标，进一步实现了农产品的延链增值。她开展畜牧养殖，实现了循环农业，减少了农业面源污染。她还充分发挥妇女干部的优势，对农户特别是留守妇女开展科技推广和帮扶，起到了"点亮一盏灯、照亮一群人"的示范引导作用。她先后被评为禹城市"十佳新型职业农民"、禹城市"乡村科技之星"、禹城市"粮王"。农场先后被评为"家庭农场市级示范场"和"家庭农场省级示范场"。

一、矢志不渝投身农业，独辟蹊径做大做强

陈桂芳初中毕业以后，从小乖巧的她不愿给年迈的父母增添负担，放弃了上高中的机会，过早用稚嫩的肩膀承担起家庭的重担。她婚后选择从事收购粮食、搞运输、贩卖水果等行业。2017年，她参加了山东省新型职业农民创业培训，通过半个月紧张的学习，拓宽了她的视野，增强了她的信心，加上和其他学员的交流，使她更进一步坚定了从事现代农业的决心。为此她迅速调整种植结构，在粮蔬种植上有机结合，她创立的和秀春家庭农场2019年被评为"家庭农场市级示范场"，后又被评为"家庭农场省级示范场"。尝到甜头的她又先后报名参加高素质农民培训和基层农技推广补助项目，成为一名科技示范主体。她通过采用增施有机肥、播前播后镇压、小麦宽幅精播技术实现了减肥减药的目的。她还将小麦改"返青

水"为"起身拔节水"的"氮肥后移"种植模式及"麦喜隔年墒、地湿无晚麦"种植方法加以推广应用，逐步为广大群众所熟知，每亩少用化肥近15千克，实现了"藏粮于地、藏粮于技"的目的。她因此成为带动周边群众发家致富的"女强人"。

二、多种经营增效益，巧借东风促增收

在种植过程中，陈桂芳总结出"以粮为纲、多业并举"是农业永续发展的必由之路。为此她带头在麦田里套种"沙河辛西瓜"，同时种植大蒜和鲜食玉米，实现了"一季双收"。通过这些年的摸爬滚打，她总结出单靠"好酒不怕巷子深"的理念已经远远不能实现农产品的增值增效。为此她为自己的农产品注册了"煜壇"商标，在申请"无公害农产品"的基础上，2023年全部申请了"绿色农产品"标志，为保证农产品质量安全上了一道"放心锁"。当她看到大量秸秆被肥料化利用，她那颗"不安分"的心再次躁动起来。"发展畜牧养殖、走循环农业的路子"，她新上了肉鸭养殖场，还在树林下养土鸡，秸秆粉碎养殖青山羊，畜禽粪污发酵后肥田，减少化肥农药的使用，极大降低了种植业的成本。粪污及时归田，也改善了农村人居环境，融洽了邻里之间的感情，实现了效益的最大化。每年仅肉鸭就出栏10余万只，成为当地有名的"发家花木兰"。

三、发挥示范带头作用，辐射带动再攀高峰

大豆玉米带状复合种植的第一年，多数群众对此将信将疑，陈桂芳思考如何消除群众的后顾之忧，圆满完成镇党委政府交付的任务。她带头发展大豆玉米带状复合种植100余亩，并且全部采取"四二式"种植模式。在她的带动下，仅用7天时间，全村大豆玉米带状复合种植任务全部完成。她致富不忘众乡亲，更不忘敬老院那些素不相识的鳏寡孤独老人。2018年春节开始，她组织部分群众采取送节目、送米、面、油、鸡蛋等方式，为辛店镇敬老院送去温暖。2019年又为辛店镇秦庄村捐献电费，让村里的路灯重新亮起来。2020年新冠疫情期间为村民捐献口罩、消毒液等用品，受到群众的一致好评。

"且持梦笔书奇景、日破云涛万里红"。下一步陈桂芳将继续发挥"科技领头雁、致富领头羊"的作用，带领周边群众加大流转土地的步伐，发展大豆和粮食生产，为保障国家粮食安全，为"中国饭碗盛上更多禹城粮"再立新功、再创佳绩。

巾帼不让须眉　农业战线女强人

——记齐河县高素质农民郭云

郭云，女，中共党员，齐河县晏北街道葛庄村人，齐河县晏城街道办智馨粮食种植专业合作社、齐河县晏城街道办事处胜民农机服务专业合作社负责人。智馨粮食种植合作社建有办公室、食品加工车间、车库、仓库、晒场等设施，总占地1424平方米。胜民农机合作社现有玉米收割机6台、小麦收割机8台、播种机8台、大型深耕机10台、无人机8台、植保机械6台（套）。

2015年6月，郭云成立了齐河县晏城街道办智馨粮食种植专业合作社，实行村民入社，土地托管，统一病虫害防治、统一农资供应、统一技术培训，降低了成本，增加了效益，每年为葛庄村节约成本30万元，增效40余万元。2015年9月，她又注册齐河县晏城街道办事处胜民农机服务专业合作社，实现了耕种、管理、技术、服务、收割、送粮到家一次完成。近几年，年均为本村及周边2.3万亩耕地提供飞防植保服务，为7000亩地提供深松服务，为1.2万亩地提供农业生产托管服务，年吸收50余人就业，其中妇女30余人，年人均增加收入3万元，农业综合托管服务走在全县的最前列。

2016年，她创办齐河县云馨家庭农场。2019年，投资110万元建设自磨石磨面粉深加工桃酥生产线，注册"龙智馨"商标，学习电商运营知

识，创新销售路径，开展"触网销售"，开发微信小程序，通过快手、腾讯、抖音等网络直播带货。"龙智馨"商标2021年被授权使用德州市农产品区域公用品牌"德州味"。"龙智馨"牌桃酥在2021年4月"德州味"北京发布会上得到领导和市民的高度认可。

要想作物高质高产，科学种田是关键。她不断学习，丰富大脑，先后参加了高素质农民培训班、庄稼医生培训班和肥料配方师培训班，通过系统培训，她在农业上有了底气和信心。在提高自身专业技能的同时，她还在智馨粮食种植合作社开设"田间课堂"，聘请省、市农业专家，利用农闲和农忙"一袋烟时间"插空培训。近几年，智馨粮食种植合作社作为德州市高素质农民现场教学基地，共承担高素质农民现场教学任务6 000余人，"郭云一站，人员一片"，说的就是老百姓都愿意听她讲的农业知识和涉农政策。

妇女工作争当"领头雁"，在德州市率先探索推行妇联执行委员会委员"进退出"机制，执委任职实现动态化管理；探索"小院"议事会制度，成立妇女之家、妇女微家、"云姐"议事小院、婚姻辅导站等场所，打造文明新风。2020年，山东省妇联主席孙丰华，德州市妇联主席赵晓静分别到齐河县云馨家庭农场调研基层妇联工作，并给予高度评价，称赞她在乡村振兴巾帼行动中起到了表率作用。

智馨粮食种植合作社2019年10月被评定为"农民专业合作社省级示范社"、2020年9月被评为"乡村振兴巾帼示范基地"、2020年12月被评为"好品山东乡村名品示范基地"。2019年2月18日，中央政治局委员、国务院副总理胡春华来齐河县调研，专程考察智馨粮食种植专业合作社，盛赞郭云是"推动乡村振兴的女佼佼者"。2020年12月，农业农村部政策与改革司、乡村产业发展司就家庭农场"非粮化"问题在智馨粮食种植合作社召开现场会。

在努力工作的同时，她也获得许多荣誉，先后被授予"齐河县三八红旗手"、"齐河县优秀共产党员"、"齐河县劳动模范"、"德州市女能人"、德州市"农民工之星"、"山东省最美妇联基层人"、"全国巾帼建功标兵"等荣誉称号。在今后的发展中，她将继续发扬巾帼不让须眉的精神，埋头苦干、发奋图强、勇于创新，向新的目标发起挑战，勇当新时代的弄潮儿，谱写高素质农民的新篇章。

巾帼奉献篇　乡村振兴人才赋能

完善服务链条　打造设施蔬菜全程服务商
——记陵城区高素质农民陈亚珍

一位土生土长的寿光妹子，有着与生俱来的倔劲儿，注定她从踏入农业这个圈子开始，就不怕面对困难和挑战，她就是德州美瑞农业发展有限公司总经理陈亚珍。

寿光蔬菜公司的种子种苗销售到外地以后，因为种植户缺乏经验，品种在大棚中的表现不尽如人意。陈亚珍意识到售后服务和技术支撑的重要性，于是，她亲自挑选植保技术员，成立了植保服务队，苗子卖到哪，服务就跟到哪。虽然解决了外地用户的技术难题，但随之而来的问题，也难住了陈亚珍。寿光地区种植好品种，往往能获得高收益，是因为寿光有全国最大的蔬菜批发市场作为保障，全国各地优质客户云集于此，优菜就有优价。但是外地市场不同，或因信息闭塞，或因不成规模，种出的高品质蔬菜不一定能卖出高价钱。另外，她的技术团队在外地做服务时还发现，外地市场的棚体条件优劣不等，标准不一，很多先进植保器械也很难得到推广。

陈亚珍心里有了打造一个可以提供设施蔬菜生产全程服务公司的想法。2017年，在德州市成立了德州美瑞农业发展有限公司，推行"保姆式"全程托管服务——政府+银行+公司+合作社+农户的合作模式。当年，她又在德州市陵城区与尚德种植专业合作社达成合作，

9个高标准蔬菜大棚落户陵城区边临镇郭庄村。合作社负责流转土地、组织农户及日常园区管理，美瑞公司对接银行，给农户解决资金问题，并负责技术和销售。种植的第一茬辣椒在短短6个月时间就卖了5.5万元，零基础种植的成功极大鼓舞了村民搞蔬菜种植的信心，也在整个陵城区引起不小的轰动。

2018年，在陵城区农业农村局及农广校的对接协调下，陵城区各乡镇共计3 000多人到尚德蔬菜基地参观交流。很快，美瑞公司分别与陵城区徽王庄镇、义渡口镇、郑家寨镇、边临镇的种植户合作，发展高标准大棚蔬菜300余个，集中种植番茄。2018年、2019年种植的番茄大获成功，有些大棚一年甚至卖到了14余万元，纯收入超过10万元。随着陵城区大棚越建越多，影响力也越来越大，宁津县、乐陵市、武城县、德城区、禹城市的合作社也纷纷与美瑞公司积极对接，探讨合作模式，建立了合作关系。随着种植基地不断增多，公司种植的产品也由单一的番茄增加到西瓜、甜瓜、樱桃、葡萄等多个品种。

2021年，公司制定"一站百棚服务体系"，以一个植保站服务100个大棚为基数，同时完善服务环节，农资投入品统一规划，植保服务进棚为蔬菜生产提供全天候保障，采摘后抽样检测确保蔬菜品质，免费提供包装场地节约菜商采购成本等一系列保障措施，美瑞公司在德州市的品质蔬菜种植基地已在北京、上海、天津等高端蔬菜销售市场享有很高的知名度，很多客商提前来签采购协议。

2022年，陈亚珍团队结合德州市发展设施蔬菜的有利条件，在陵城区建立高品质蔬菜种植园区4个，建设高质量大棚400余座，打造高效的设施蔬菜全程服务商，引进、示范、推广先进技术12项，通过品牌化运作，把陵城区农产品推介到高端市场。又联合德州大农农业发展有限公司整合、盘活资源，走出一条"政府+村党支部+合作社+公司"的路子，取得显著成效，每个园区增收15万元，为设施农业提质增效保驾护航，为德州市设施蔬菜的发展起到了示范引领的积极作用。

让青春绽放在希望的田野上

——记乐陵市高素质农民李宝寒

在乐陵市黄夹镇，说起乐陵市金农田农业机械服务农民专业合作社的李宝寒，当地村民无人不知、无人不晓。她不仅靠农业种植技术走上致富路，还毫不保留地向周边村民传授种植技术，带动一方群众依靠科学种植发家致富。

作为新时代青年，李宝寒认为既要有发展和壮大自己的宏伟目标，更要有帮助他人、奉献社会的远大理想。李宝寒自毕业后就着力发展家乡农业服务，主要从事农资销售、技术服务、农业生产托管等业务，实现了从生产资料的统一供应到耕种防收全程的农业生产托管服务。

一、创新创造，紧跟最新农业发展理念

发展新模式、推广新技术，创新让传统农业玩出了新花样。金农田农业机械服务农民专业合作社与其他合作社不同之处是把优质农资与高效服务技术相结合，良种、良肥、良药、良制四良配套，农机农艺融合，节约成本与增产增收结合，从而实现农户省心省力、农业增产增效、农民增收致富。同时，解决了年老及孤寡老人的耕种难题，还能让富余劳动力放心外出务工，获取第二份收入。合作社与中粮集团、惠民县面粉厂、黄骅港粮库、德州市第五粮库签订长期收购协议，回收价格高于市场价格。

2021年，合作社在相关部门的大力

支持下,在乐陵市各个乡镇、街道办事处管辖村庄开展农业生产托管。项目包括小麦种肥同播、土地旋耕、深翻、小麦联合收割、病虫害防治、除草、玉米种肥同播、一喷三防、玉米秸秆还田、收割打粮存粮卖粮等。目前,合作社服务141个村、5 356农户,生产托管面积62 478亩,每亩节约生产成本80元以上,增产100千克以上,增收300元。

二、发动群众,激活乡村振兴内生动力

"一个人的能量是有限的,只有把周围村民都带动起来、让他们主动参与进来,才能形成农业大产业格局,才能实现互利共赢、共同富裕,这才是我回乡创业的初衷。"李宝寒认为在带头致富的同时,更应该传播经验和技术,带领大家共同致富。2022年,合作社发动周围群众进行示范田建设,成功推广建设小麦示范田200块,玉米示范田200余块,真正做到所辖村一村一示范。小麦示范田观摩会140余场次,玉米示范田观摩会180余场次,小麦现场实打实收测产会200场次,玉米现场实打实收测产会200场次。让农户眼见为实,用高产量打动农户,带动他们加入合作社。

三、纾难解困,守住守牢群众幸福底线

她自己常年为困难群众送技术上门,组织专业技术人员通过开展技能培训、现场指导、流程演示等方式,促进困难群众掌握1~2项实用技术和专业技能。大孙乡孙白玉村有村民的承包地属于沙土土质,不适宜种植大田作物。李宝寒帮助联系相关专家,经现场考察确定适宜种植西瓜和红薯,她又联系外地适宜种植且口感好、产量高的品种进行育苗、种植。现已发展周边沙土地种植面积1 000余亩,有效带动了周边乡村的经济发展。

2021年,玉米南方锈病大规模暴发,玉米面临大量减产或绝产。李宝寒昼夜不停地组织预防作业,通过多方积极配合,最终为6万多亩地实施飞防防治。杨安镇崔刘社区崔垫智给李宝寒送来锦旗并激动地说:"玉米锈病飞防防治起到了关键的作用,为我挽回损失30多万元。"

回首李宝寒这些年走过的"致富路",让我们坚信科技兴农之路会越走越宽广,乡村振兴的美丽画卷会有更多像李宝寒一样的高素质农民来绘就。同时,李宝寒也用自己的双手创造了一片属于自己的天地,以自立自强、自尊自信的坚定信念成为一个时代的新女性。

巾帼奉献篇 乡村振兴 人才赋能

用柔弱的肩膀撑起事业的航帆

——记禹城市高素质农民韩在燕

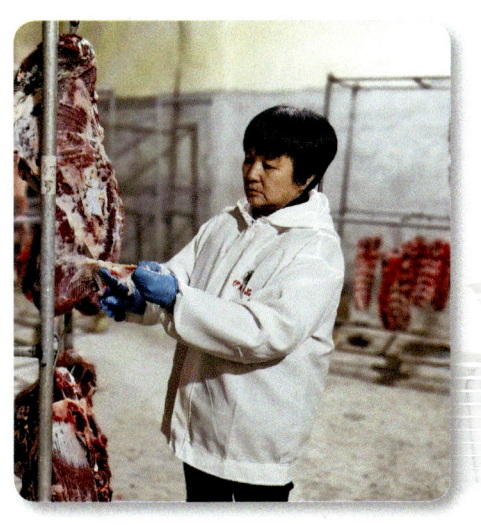

韩在燕，女，回族，1967年1月出生，高中文化，高级畜牧师，禹城市十里望回族镇金庄村人。现任禹城市伊盛清真食品有限公司总经理，禹城市伊盛畜牧养殖专业合作社理事长，禹城市舜源生态农牧专业合作社理事长，禹城市政协第十一届委员会委员。多年来她在牛羊养殖、屠宰加工和带领农民增收致富方面取得显著成绩，得到了各级党委、政府的肯定和表扬。

韩在燕本可以养尊处优、举案齐眉、相夫教子，2020年一场突如其来的变故把她击垮了。她经营有道、事业有成、口碑甚佳的丈夫不慎被病魔夺去了生命，那时韩在燕仿佛感觉到天塌下来一样。望着丈夫壮志未酬、苦心经营的产业，面对着众多跟随多年的父老乡亲，她思虑再三、咬紧牙关接过了创业的重担。

通过参加高素质农民培训，她进一步开阔了眼界、拓宽了视野，在经营规模和方式上有了新的想法。2020年，她投资1 023万元扩建了现代化肉牛肉羊屠宰加工厂，提高肉牛肉羊屠宰加工标准化生产水平，增加了牛羊肉精深加工产品，提高产品附加值，农业产业化龙头企业的带动作用进一步增强。禹城市伊盛畜牧养殖专业合作社入社成员236户，2021年出栏肉羊5万只，实现销售收入7 500万元，实现净收入715万元，户均年增收3万余元，合作社被认定为"农民专业合作社国家级示范社"。禹城市舜源生态农牧专业合作社入社成员156户，2021年出栏肉牛0.3万头，实现销售收入

6 000万元，实现净利润618万元，合作社成员年均增收4万元，合作社被认定为"农民专业合作社国家级示范社"。禹城市伊盛清真食品有限公司采取"公司+合作社+农户"的模式，大力开展肉牛肉羊产业化经营，2021年牛羊肉产品实现销售收入12 971万元，实现净利润475万元。

2021年10月，实施了禹城市十里望回族镇党建年出栏1.2万只肉羊养殖联合体建设项目。利用废弃闲置土地23.6亩，建设标准化肉羊养殖棚4栋5 760平方米，建设草料库750平方米，建设党建办公室、会议室110平方米，场区净道、污道硬化2 350平方米，修建排水沟170米，总投资187.63万元。截至2022年10月，出栏育肥肉羊1.3万只，实现销售收入1 580万元，实现利润151万元。带动刘普站村、黄桥村、大庞村、小庞村4个村各增加集体收入3.1万元。同时安排8名农民就业，人均年收入3万元。通过收购农户种植的全株玉米制作青贮饲料，农户累计增加收入33万元；收购农户种植的农作物秸秆1万吨，农户累计增加收入100万元，该项目取得了良好的经济效益和社会效益。

她积极响应党委、政府扶贫攻坚和共同富裕的号召，充分发挥合作社带动作用，对贫困户进行各种形式的帮扶。一是优先安排具有劳动能力的贫困人员进入合作社从事力所能及的工作，并给予工资报酬；二是为具有一定技术的贫困人员提供养殖场地和资金，扶持他们从事肉羊养殖，使他们通过自己的劳动，永久摆脱贫困；三是对失去劳动能力的贫困人员，采取每月发放补助金的方法，保证他们的正常生活。她还热心公益事业并积极践行，始终坚持每年冬季为十里望回族镇敬老院、龙泽实验学校送去取暖煤、食品及生活、学习用品。为丰富金庄村群众的文化生活，她出资10万元，修建了农村文化大院和健身广场。在文化大院专门设立阅览室，并购买了养殖、种植等方面的科学书籍供村民业余时间阅读学习。在健身广场投资2万元购置健身器材等设备设施，满足了村民的健身需求。

面对今后的发展道路，韩在燕坚定了行稳致远的信心和决心。通过秸秆综合利用，扩大养殖规模；通过粪污资源化利用，发展循环农业；通过发展精细化加工，实现农产品的延链增值。带动一方群众共同致富，为农业的发展再立新功。

巾帼农民绘乡村振兴画卷

——记乐陵市高素质农民杨书兰

杨书兰，女，中共党员，现任乐陵市云红街道红云村党总支书记、刘桥村党支部书记。作为云红街道辖区内唯一一位女支部书记，她始终坚持将村里的事当作自己的事，将村民的事当作自家的事，用实际行动绘就了一幅乡村振兴的美丽画卷。

一、不忘初心

自任职以来，杨书兰严格落实行政村周例会、"三会一课"、每季度定期集中学习等组织生活，不断强化党性修养，党员的归属感、荣誉感增强，群众参与村级事务的积极性进一步提高。在村级重大事项决定上，她认真听取班子成员和党员群众代表的意见，最大限度保障群众的根本利益。靠着肯干事，愿干事的这股劲，赢得了群众的认可和信赖，大家纷纷对她竖起了大拇指。"农村工作不能光说不干，要干就干出个名堂，要让群众信任你。"这是杨书兰说过最多的一句话。近年来，在杨书兰的带领下，村内各项事业不断进步，村集体经济不断壮大，党支部服务群众的能力也在不断提升，人民群众的获得感、幸福感、安全感不断增强。用杨书兰自己的话说"我就是给大家服务的，群众满意就是对我最大的鼓励"。

二、模范引领

2021年5月，在街道党工委的大力支持下，刘桥村党支部领办了乐陵市兰光果树种植专业合作社。刘桥村党支部在合作社成立之时，通过实地考察等方式，确定了种植辣椒的规模化经营模式，党支部把一家一户分散经营的土地集中起来，农民变股民、资源变资产，极大地提高了土地利用率，释放了农村生产力。在合作社成立初期，有村民怕担风险，怕收益没保障。面对群众最初的不理解，杨书兰主动上门向群众讲形势、讲政策，

带领党员率先入股,分头入户做工作。针对不想入社、愿意种地的村民,通过地块调整等方式保证想种地的有地种。针对不想入社、也不愿意种地的村民,由党支部与村民签订股权转让协议,每年每亩地直接付给村民700元承包费。

三、真抓实干

刘桥村的辣椒种植基地以朝天椒为主,辣味浓,春季种植,秋季收获,每亩可种植9 700棵左右,已形成较大规模和特色。目前,该村的辣椒主要销往乐陵市杨安镇调味品产业园,让农人变农商,让农村有现代企业,让传统小农对接线上大市场,有效激活了当地现代特色农业经济的发展,对周边村庄具有良好的示范带动作用。合作社创新性地发展"订单农业",实现了辣椒的统一种植、统一管理、统一销售,探索出了一条"村企合作、互利共赢"的新型发展模式。这种模式不仅有效降低了种植风险、激发了村民的积极性,而且借机培养了一批有文化、懂技术、善经营、会管理的高素质农民,带动了农业生产、农民生活和乡风文明,增加了村民及村集体收入。刘桥村的辣椒种植先进经验做法先后被德州三农新闻联播、德州日报、闪电新闻、乐陵新闻联播等媒体报道和刊载。

杨书兰时刻践行着共产党员的使命与担当,始终保持满腔热血和无私奉献的精神,把"先锋先行、服务为民"的基因刻在了骨子里,把"对党忠诚、牢记使命"的信念融进了血液中,用实际行动赢得了村民的拥护和爱戴。相信在她的带领下,云红街道刘桥村发展的步伐会更快,群众的日子会更好。

巾帼奉献篇　乡村振兴人才赋能

返乡创业种粮　田野播种梦想

——记夏津县高素质农民孙爱鹏

孙爱鹏，女，1982年出生，大专学历，农民农艺师，现任夏津县渡口驿鹏昌家庭农场负责人。主要擅长优质小麦、玉米种植管理及新技术试验和示范推广，2020年当选夏津县职业农民协会副会长，2023年被授予"夏津县最美巾帼创业标兵"荣誉称号。

一、返乡创业，首战失利

大专毕业后的孙爱鹏曾独自在天津打拼，虽然年薪10万元左右，但是心底觉得自己总归是打工仔。2016年开始，她发现村里外出打工的人越来越多，导致有的土地荒芜，有的农田种后无人管理，严重影响了粮食生产。她产生了一个想法，那就是不让家门口的田地荒废，要让土地发挥自身价值。孙爱鹏雷厉风行、说干就干。她毅然放弃优厚的待遇返乡创业，当年就承包田地200余亩。从一个普通的打工者到自己创业，角色转换还没有适应过来，这一年，由于缺少种植技术和管理经验，眼看着自己的田地没有迎来丰收，真是"赔了夫人又折兵"，她心里很不是滋味，但想到既然选择了这条路，硬着头皮也要坚持走下去。

二、努力学习，提高技艺

孙爱鹏通过不断总结和反思，意识到自己创业失利的原因就是缺乏种田技术和实践经验。2016年12月，她成立了夏津县渡口驿鹏昌家庭农场，她深信"科学技术就是第一生产力"，先后参加了德州市高素质农民、德州市新型农业经营主体带头人、山东省乡村产业振兴带头人培育"头雁"项目等培训班,每次培训她总是第一个赶到教室,坐在第一排的中间位置,聚精会神地聆听、认认真真地记录,并将自己的疑惑及时向专家请教,由于她学习刻苦用心,多次被评为优秀学员。通过学习,她制定了规范的生产规程和测土配方施肥方案,并严格按照规程进行土、肥、水的管理,从不马虎。上级农技部门专家看到孙爱鹏如此热爱学习、扎根农业,也都乐于把新技术、新品种试验安排在她的农场进行。2022年,她率先试验示范了大豆玉米带状复合种植100余亩,创新地采用了"四四式"种植模式。该模式的优点就是比较有利于机械进入作业,通风和透光性更好,充分发挥了玉米边行效应和大豆固氮养地作用,有效避免倒伏,并且大豆和玉米可分别单独收割,互不影响,达到了玉米不减产,多收一季豆的目标,受到专家和周边种植户的一致好评。

三、心底无私,爱农助农

"不仅要让自己学会科学种粮,更要让乡亲们掌握先进的种粮技术,他们太不容易了,只要是我力所能及的事,我都义无反顾。"孙爱鹏内心是这样想的,也是这样做的。2018年,她开始订单种植优质小麦,该小麦价格高、收益稳。试种成功后,她毫无保留地将关键种植技术传递给乡亲们,帮助他们共同增收致富。2020年,农场购买了大型机械——秸秆回收机和飞防无人机。通过综合利用玉米秸秆回收技术,减少了病虫害的发生,增加了农民收入。通过无人机飞防,帮助农户节约了人力物力,提高了药物的防治效果,每亩地节省60余元。此外,作为夏津县职业农民协会副会长,她还经常组织协会成员及种植农户交流种植技术,不定时地去农户田间地头查看,手把手地教他们科学种田,无私帮助协会成员和农户解决种植方面的"疑难杂症"。

孙爱鹏作为一名高素质农民,深知肩上责任重大。她将继续学习,开启科学种田新篇章,引领现代农业新风尚。为当好乡亲们致富的"领头雁",她为自己设定了更高的发展目标,那就是在未来三年内拓展粮食深加工行业,完善种植、储存、加工、销售一条龙服务,让她的优质农产品直接走进千家万户的餐桌。同时也期盼着更多青年人回到农村,献身农业、服务农业、反哺农业,充分展现新时代高素质农民的风采,为乡村产业振兴做出更大的贡献。

笃学践行　实现价值

——记德城区高素质农民杜秀莲

　　杜秀莲，女，中共党员，德州市德城区芦庄村人，经营村集体土地350亩。她始终走在学习的道路上，并积极将所学知识应用到土地种植与管理中，为乡村振兴做出了积极贡献。

　　杜秀莲作为一名农民，一直没有离开过农业。从开始种植本地常见蔬菜，到种植反季节大棚蔬菜，再到种植稀有蔬菜，这一干就是20余年。数不清走过多少遍田垄，记不清种过多少种蔬菜，更忘不了付出了多少辛酸。20余年的学习、积累、付出和收获，使她熟练掌握了播种、施肥、浇水、防治等蔬菜种植技能，也使她成为家喻户晓的蔬菜种植能手。

　　2013年，芦庄村积极响应号召，发展乡村建设，土地由集体经营，建设九龙湾低碳生态循环经济产业园。村两委根据她常年种植蔬菜的特长，安排她负责产业园中生态采摘园的生产工作。九龙湾低碳生态循环经济产业园分为3个板块，其中生态采摘园占地350亩，包括温室棚50个、联动棚2个、小拱棚12个。园区内种植的作物是以适应本地气候为主的蔬菜，种类比较单一，收入大都来自售卖。后来，杜秀莲主动外出学习，了解其他优秀采摘园区的经验，向他们请教生产经营心得，同时加上自己的理解创新，改变园区单一的蔬菜种植模式，相继引进了香蕉、番木瓜、番石榴、蓝莓、火龙果等南方水果。增加了采摘项目，让许多只吃过却从未见过这些水果如何生长的人们既大饱了眼福，又增加

了园区的收入。她秉持顺应时代发展的理念，不断虚心学习盆栽菜技术，从而又为园区增加了一笔新业务——为酒店后厨提供优质盆栽菜。

2018年，因为园区管理的疏漏和生产调配的不合理，使得采摘园的收益不够可观。在这种特殊情况下，村两委又安排她负责整个生态采摘园。她的担子更重了，这既是一个挑战也是一个机会。她深知知人善任的重要性，为调动积极性，将人员重新分配。她对露天草莓采摘区升级提档，引进诸多花卉新品种，向花卉种植农户租赁生态温室大棚，为当地高校、农业科研院所提供优质的试验田等措施，使生态采摘园逐步走向规范化、科技化、效益化。2020年10月，园区又成功与北京首农食品集团有限公司达成合作共识，提升了九龙湾生态园的知名度，同时，也给园区收益注入了动力。2021年12月，杜秀莲正式成为一名共产党员，此时正值新冠疫情严重期间，她积极响应上级号召，走在抗疫一线，统筹规划计算蔬菜产量以及每日供应量，与生态采摘园的其他员工一同采摘运送蔬菜水果，为让因疫情封控在家的人们能吃上新鲜果蔬而努力工作。

2022年，国家实施运河行洪工程，河圈内的建筑需要全部拆除。作为采摘园主要收入的生态大棚就处于河圈内，杜秀莲辛辛苦苦经营9年的生态采摘园面临拆除，不舍与无奈，辛酸与收获，心里的滋味无法形容。10月，生态采摘园按时拆除，从那时起她有了一个新的身份，一个独自管理350亩农田的农民。她知道集体需要她，所以她毫不犹豫地就接过了这份工作。隔行如隔山，水果、蔬菜种植和粮食作物种植有所不同，但这也难不住她，她又发挥积极学习的特长，带领相关人员参加农业农村部门组织的高素质农民培育工程。系统学习了良种良法的选择、测土配方施肥、水肥一体化、病虫害科学防治、超高产栽培技术等生产技能。她还聘请市、区农业专家实地指导，大面积规范种植粮食作物，为国家粮食安全增砖添瓦。

杜秀莲从事农业生产已经30余年，她将自己的初心和坚守献给了农业生产，始终扎根在农业一线，不让一寸土地失去它应有的价值。站在这片熟悉的土地上，杜秀莲说："半生的经历与它有关，我知道是它造就了如今的我，而我又让它创造了财富。"她表示，会积极响应国家号召，把集体利益放在首位，努力经营好350亩地，为乡村振兴贡献自己更大的力量。

04

乡村振兴·人才赋能

综合服务篇

返乡创业标兵 带动致富之星

——记齐河县高素质农民甄利军

甄利军，男，中共党员，现任齐河县晏城街道办事处乡土丰利农机服务专业合作社理事长，齐河县第十七、第十八届人大代表。他获得德州市现代农机行业一线职工"五小"创新成果二等奖，先后被授予齐河县"种粮能手"、德州市"十佳新型职业农民"、"德州市五一劳动标兵"、山东省"农民工之星"、"齐鲁乡村之星"、"山东省五一劳动奖章"、"山东省劳动模范"。

2015年10月甄利军返乡创业，成立齐河县晏城街道办事处乡土丰利农机服务专业合作社，托管土地3.8万亩，吸纳社员315人，现有各类农机具380余台（套），与36个村建立标准化托管服务合作关系，辐射晏城街道、华店镇、刘桥镇，合作社年社会化服务能力20万亩以上。其中，合作社全程托管2个村庄土地1 200亩，帮扶周边贫困社员200余人，成功带动致富90余人。定期组织社员和农机手开展多形式、多内容的技能培训，年培训2 000余人次。采用农机农艺融合新技术，认真落实藏粮于地、藏粮于技的要求，深耕深松、精细化还田、精量化播种、控肥控药、减损增收，强化管理，大幅提高土地的产能，实现"吨半粮"。合作社2020年被审定为市级乡村振兴项目建设单位，2022年被评为德州市"吨半粮"生产能力建设表现突出新型经营主体，2023年被评为"农民专业合作社国家级示范社"。2022年2月中共中央政治局委员、国务院副总理胡春华、山东省省委书记李干杰、山东省省长周乃翔莅临合作社指导工作，对合作社的工作给予充分认可。

在现代化农业生产过程中，甄利军创建实践了4种农业生产社会化服务模式。

"全程化"托管服务模式：对入社土地进行整合，实现土地成方连片，满足大型机械化作业条件。实行"四统一"生产模式，即统一规划作物种植、统一采购生产资料、统一开展作业服务、统一销售农产品。按照"上不封顶、下不保底，风险共担、利益共享"的分配方式，形成合作社与入社群众的利益共同体，强化主人翁意识。

"多元化"服务模式（"党支部+合作社+农户"服务模式）：依托党支部组织力、凝聚力、向心力把小农户组织起来，由合作社统一服务，有效降低了农户的生产成本，实现了引领带动小农户走农业生产经营的规模化、集约化、标准化、产业化发展道路。

个性化"分组式"服务模式：根据农户需求，制定个性化服务清单。

"产业化"融合发展模式：合作社适应经济新常态，把握产业新政策，围绕新农村建设，依托资源优势，扎实推进一二三产业融合发展。

2022年，甄利军积极响应上级号召，将全程托管的1 200亩土地实施了大豆玉米带状复合种植，成为科技示范主体。在生产中针对大豆、玉米所用除草剂不同的问题，带领团队对打药机进行改造，解决了大豆玉米带状复合种植机械化除草的问题，为大豆、玉米双丰收打下了基础，为实施大面积大豆玉米复合种植起到了积极的引导作用。

目前，在甄利军的带领下，合作社建立了种植、培训、粮食烘储、粮食加工及营销中心，初步形成了耕、种、管、收、加、烘、储、销的全程农业产业服务链条，确保了粮食绿色高产、优质高效，提升了粮食安全保障能力，推动了农业高质量发展，在现代农业生产中起到了积极的示范作用，为服务"三农"发展、助推乡村振兴、保障粮食安全、农民减损增收做出了贡献。

综合服务篇 乡村振兴 人才赋能

现代农业创新创业的践行者

——记陵城区高素质农民郭新海

郭新海，男，1974年10月出生，毕业于四川农业大学，现任德州大农农业发展有限公司总经理、汉唐农广（德州）商务管理有限公司经理、德州市陵城区友邦种植专业合作社社长、陵城区新型职业农民双创服务中心秘书长。他先后被评为"陵城英才"、德州市"十佳新型职业农民"、山东省"农民大师"、"齐鲁乡村之星"。友帮种植专业合作社先后被评为"农民专业合作社省级示范社""山东省职业农民乡村振兴示范站""山东省AAAAA级服务三农金牌合作社""中国质量信用AAA级示范社"。

一、促进农业科技成果向田间地头转化，带动群众科学种粮

友邦种植合作社作为农业科技试验示范基地，试验示范新品种及新技术。2018年9月，对200亩小麦进行高效节水垄作栽培技术的试验示范，使小麦节水40%，节肥20%，节药2次，省工200%，生产成本降低30%，小麦每穗增加8~10粒，千粒重增加2~3克，小麦亩产量增收10%~15%，每亩增收400元左右。2019年6月，与山东省农业科学院联合试验示范种植50

亩玉米与花生间作模式，实现农作物轮作，较单一种植玉米增加花生产量120～180千克，节氮12.5%以上，提高土地利用率10%以上，增加亩收入20%以上。2019年9月，引进中国科学院遗传与发育生物学研究所农业资源研究中心的旋松耕层优化小麦绿色提质增产增效技术，较其他深耕方式每亩增产28.5%，该技术在华北平原小麦区缩小产量波动稳定增产、提高资源利用效率、绿色提质增产增效方面发挥重要作用。通过新技术的应用及推广，带动周边100余户农户进行种植，有效推动创新成果向现实生产力转化，带动吸引高端创新项目及科技人才在陵城区落地生根，进一步发挥示范引领作用。

二、借助新型职业农民双创服务平台，解决群众生产难题

2018年5月，新型职业农民双创服务中心成立，郭新海任秘书长。陵城区双创中心是全国首家、全省独家的新型职业农民发展平台，是一个属于农民自己的平台，通过双创中心使新型职业农民在政府有了自己的家，和政府沟通直接到位，上级政策、技术等能够直接传达到新型职业农民和创业农民手中，涉农项目、资金能够直接落地。双创中心在他的努力下取得了良好的社会效益和实质性效果，近几年，先后有中央农业广播电视学校领导，安徽省、重庆市、河北省、湖南省农业广播电视学校领导，以及山东省农业广播电视学校领导莅临双创中心指导工作。2021—2023年，在他的协调组织下，通过集中学习和田间课堂等方式，安排农业专家亲临双创中心为农民进行农技宣导和田间指导，累计培训农民达10万人次以上。在他的努力下，双创中心又在10个村设置了新型职业农民驿站，更方便农民技术咨询和指导。同时，邀请专业律师担任新型职业农民的法律顾问，对新型职业农民提供无偿法律援助，解决了新型职业农民在生产中遇到的法律难题。

三、依托田间学校打造农服新阵地，创新为农服务模式

为充分利用农业广播电视学校、农业院校、各级农业科研院所以及农业龙头企业等方面的资源，成立了德州大农农业发展有限公司。公司成功构建起了"政府参与、科技成果转化、技术服务、农民培训、组织建设"五位一体的农业田间学校服务新平台，依托德州市大农农业综合服务中心、

陵城区新型职业农民发展协会滋镇分会、新型职业农民双创服务中心、中化现代农业陵城技术服务中心滋镇服务中心、陵城区友邦种植专业合作社等组织。农业田间学校对接科研院所、大专院校、农业企业科技成果，当前已与中国农业科学院、山东省农业科学院、清华大学粉体工程研究室、德州美瑞农业发展有限公司开展合作，进行了科技成果转化落地。

下一步，他将以加快培育一支有文化、懂技术、善经营、会管理的高素质农民团队为己任，依托德州大农农业发展有限公司全面做好标准化生产与社会化服务，依托汉唐农广（德州）商务管理有限公司全面做好农产品销售与文化传播，进一步整合陵城区优质农产品，延伸一二三产业链条，做精农产品直播带货、文艺惠民演出、新时代文明实践，传承农耕文化与研学教育，真正做到人才+文化+产业良性循环发展，将其建设成为打造陵城品牌的窗口。

发展农业社会化服务体系

——记武城县高素质农民牛文忠

牛文忠,男,现任武城县志远粮棉种植专业合作社理事长。合作社位于武城县甲马营镇田庄村,现有成员120人,各类农机具120台(套),粮食烘干设备3台(套),年机械作业面积8万亩,辐射周边2个乡镇的2 600余农户。

合作社经过十几年的创新发展,逐渐总结出一条农业生产标准化、经营规模化的发展路径,解决了一家一户分散经营方式粗放低效、资源浪费等问题。合作社先后荣获"农民专业合作社国家级示范社""山东省新型职业农民培育田间学校""山东省职业农民乡村振兴示范站""德州市双十佳农民专业合作社""德州市百强农民合作社"等荣誉称号。

一、开展土地托管服务

依托农村党支部把零散农户组织起来,在甲马营镇13个村庄开展大田托管社会化服务,为土地流转大户、家庭农场和普通农户提供统一供种、供肥、播种、病虫草害防治、收获等全程系列化服务。通过全程系列化服务,对接厂家直购农资、测土配方施肥、节水灌溉、打破田埂增加土地利用面积等,降低了生产成本,提高了作物产量,每亩每年可为农户节约成本70~100元,亩均增收粮食75千克,真正做到让农民省心、省工、省力,解决了外出打工人员的后顾之忧,全方位地帮助农民增产增收。合作社半托管

农户土地1万亩，每亩节省劳动力4个，可节省劳动力4万个，每个劳动力按80元计算，共增加农户非农收入320万元。全托管土地5 600亩，每亩节省劳动力8个，可节省劳动力44 000余个，每个劳动力按80元计算，共增加农户非农收入352万元。这样既保证了农户的农业收入，又增加了农户的非农收入。

二、入股党支部领办创办合作社

合作社与武城县10个村支部领办创办的土地股份合作社进行合作，以机械作业、生产资料等方式入股，实现利益共享、风险共担。粮食收获以后，首先把保底收益分给农户，扣除成本以后的盈余按比例二次分红。具体比例为25%给农户，25%给村集体，25%给土地股份合作社工人作为奖励，最后的25%分给志远粮棉种植专业合作社，这就降低了村支部土地股份合作社的风险，增加了村集体收入，实现了多赢发展，形成了"社会化服务组织+党支部领办创办的股份合作社+农户"的现代农业服务体系。

三、加强农民技术培训

合作社2017年被评定为省级"农民田间学校"，利用新技术、新品种、新服务模式来引领周边的群众发展生产经营。近几年，举办各类农业技术培训135场次，培训农民17 800余人，这些高素质农民有的自主创业建起家庭农场，有的扩大了种植规模，成为引领和辐射周边农民发展现代农业增收致富的带头人，为发展现代农业社会化服务体系发挥了主要作用。

合作社通过发展农业社会化服务体系，提高了劳动效率，降低了劳动强度，形成的规模化优势，打通了农业科技化、农业机械化最后一公里，为促进三产融合发展、转变农业发展方式提供了路径选择。

下一步，牛文忠将抓住乡村振兴战略这一重大机遇，充分挖掘各项惠农政策红利，不断规范运营管理、提高服务能力、扩大服务规模，引领农业生产经营管理方式改革，为农业高质量发展和乡村振兴做出更大贡献。

农技推广传帮带　师傅教徒育英才

——记禹城市高素质农民王小明

王小明，男，禹城市向明农机专业合作社理事长。他曾获得山东省"技能兴鲁"职业技能大赛（农机修理工）一等奖，先后被授予"齐鲁乡村之星"、"山东省五一劳动奖章"、"山东省劳动模范"、山东省"农民工之星"、"新时代山东向上向善好青年"、山东省"农民大师"、"德州市首席技师"、德州市"十佳新型职业农民"、"德州市优秀青年"等荣誉称号。

一、脚踏实地，铺就成才路

受其父亲影响，王小明自幼就对农业机械特别感兴趣，也切身体会到父辈们起早贪黑劳作的辛苦，那时的他就树立了"以农报国，回馈父老"的理想。高中毕业后，他毫不犹豫地选择了农机维修行业，虽然当时所在的农机修理厂工作环境恶劣，没有维修车间，夏天太阳暴晒、冬天寒风凛冽，但这都无法阻止他学习农机维修技术的渴望。功夫不负有心人，两年后，他就全部掌握了当时主流农机维修技术，在父母的支持与鼓励下，他创办了农机修理中心。王小明通过多年的努力，解决了当地大型农机维修难、买配件难的问题，大大增加了周边农民购买大型农机的积极性，大型农机数量不断增加，在当地方圆10余千米内，说到农机修理大部分人都知道王小明的名字。

二、融合创新，成就大梦想

在提供农机维修服务的过程中，王小明发现由于现代耕种模式的改变，农机散户不再适应当前农业发展需求，许多大型农机信息不畅、调度不及时，关键时刻无法充分发挥大型农机的"集群效应"。发现这个问题后，王小明查阅大量资料文件，详细解读相关政策，多次外出考察学习。2014

年7月,他联合5名农机手一起成立了禹城市向明农机专业合作社。合作社主要开展农机社会化服务作业,从耕、种、管、收等环节提供全程土地托管服务。从那天开始,王小明也从单纯的农机维修行业转入"多种服务"融合发展轨道,成为名副其实的高素质农民。合作社自创建以来,先后被评为德州市"农民专业合作社市级示范社"、德州市农业经营服务组织"农机安全生产管理示范单位"、山东省农业经营服务组织"农机安全生产管理示范单位"、"农民专业合作社省级示范社"、"农民专业合作社国家级示范社"。

三、瞄准前沿,推动新发展

有农机修理的支撑,合作社规模逐渐壮大,不到两年时间,合作社成员就扩大到了105人。截至2023年7月,合作社拥有高效植保无人机34架、大型自走式收获机械32台、大中型拖拉机36台、其他配套机具48台。合作社辐射周围50余个村庄,托管土地2万余亩,年作业服务面积60万亩以上,实现年经营收入580余万元,基本实现了当地主要农作物全程机械化,为当地农业生产及现代化农业发展起到至关重要的作用。

自2022年禹城市发展大豆玉米带状复合种植以来,王小明主动担当起莒镇大豆玉米带状复合种植的种收任务。他首先利用合作社原有机具,改装了12台适合大豆玉米带状复合种植的播种机,又发动合作社社员购置专用一体式播种机32台,为莒镇及周边乡镇完成大豆玉米带状复合种植面积1.5万余亩。他还将北斗导航技术用于大豆玉米带状复合种植播种,作业质量与效率明显提升。播种完成后他主动参与适用于大豆玉米带状复合种植的收获机械研发与改装,为德州市大豆玉米带状复合种植发挥了关键作用。

四、无畏险阻,奉献无止境

作为一名共产党员,王小明时刻以党员的标准严格要求自己。2020年面对汹涌的新冠疫情,王小明没有退却,他根据无人机空中作业具有覆盖面大、效率高、操作人员遥控操作感染风险低的特点,联系2名合作社成员组建了无人机义务飞防消杀服务队。给莒东社区、莒镇等21个村义务提供消杀服务,消杀面积3 700余亩,涉及金额3万余元,为防疫工作贡献了自己的力量，获得了社会一致好评。

五、师傅带徒，技能传帮带

王小明始终以"以农报国，回馈父老"为使命，以精益求精、追求极致为工作理念。18年来，他培养农机修理徒弟8人，这8人均能独立维修各种大型农业机械，其中2人取得农机修理工高级职称，1人在2022年山东省"技能兴鲁"职业技能大赛（农机修理工）中获得个人三等奖。2022年9月，王小明被山东省农业农村厅评为"高素质农民大师"。2023年4月，王小明被禹城市农业农村局聘请为禹城市高素质农民大师"师傅带徒"项目授课师傅，为禹城市7个镇街遴选的15名徒弟授课，传授农业机械维修保养技术技能、植保无人机操作技能等，充分发挥了传帮带作用，面对面、手把手让每位徒弟都能学到农机实用技能，对每位徒弟生产经营中遇到的困难、问题给予关注，协助解决。

今后，王小明将会带动更多的青年人才投身农机维修及农业服务领域，让更多的青年人才扎根农村、服务农业、助力乡村全面振兴。

百尺竿头　更进一步

——记陵城区高素质农民王文昌

王文昌，男，中专学历，1978年3月出生于陵城区神头镇神头村，先后创立陵县丰润家庭农场、德州市陵城区职业农民协会、德州凤麟农业服务有限公司、德州市陵城区丰泽种植专业合作社等经营主体。经营主体先后被评为"农民专业合作社省级示范社""山东省平安农机示范单位""山东省星级农业科技社会化服务组织""全国统防统治星级服务组织""全国优秀农业植保社会化服务组织""农民专业合作社国家级示范社"。他本人先后被授予"陵城英才"、"德州市乡村之星"、"德州市五一劳动奖章"、"齐鲁乡村之星"、山东省"农民工之星"、"山东省职业农民乡村振兴示范站"站长等称号，他还被推选为"山东省粮食产业联盟理事会"会长。

随着产业规模的扩大，经营主体现有固定人员20人，其中农业技术人员8人，机械技术人员4人；现有粮食仓库1 500平方米，敞篷3 000平方米，预制地面4 000平方米；现有2 000马力以上拖拉机40余台，收割机、播种机等40余台（套）；现流转土地3 400余亩，托管土地13 600余亩。

2019年，德州市陵城区职业农民协会服务陵城区土地面积35万亩以上，其中深翻5.8万亩、深松2.2万亩、播种5.5万亩、收割7.2万亩、飞防20万亩、配肥800余吨，受益农户3 000余人。协会自成立以来从126人发展到2 000余人，辐射全区15个乡（镇、街道）。

2019—2021年合作社承担国家重点研发计划"粮食丰产增效科技创新"

专项子课题任务，任务区单产较项目实施前3年平均提高5%，水分利用效率提高10%，肥料利用效率提高15%，生产效率提升20%，节本增效8%。

2020年，王文昌积极对接陵城区农业生产托管项目，以此为契机把托管面积从0.7万亩拓展到1.36万亩，涉及3个乡镇。2020年4月陵城区小麦条锈病大面积发生，他紧急调动本地20架无人机进行飞防，在条锈病面积不断增加的情况下，他又从江苏省、安徽省等地紧急调来100架无人机，在全区11个乡镇进行统防统治，14天时间飞防面积50万亩，有效遏制了小麦条锈病在陵城区大面积蔓延。

2021年，为推广新型播种模式，合作社与农芯科技（北京）有限责任公司合作，推广在农机加装北斗自动导航系统技术，该导航系统起到农机走线直、农机具播种精准等作用，进一步提高了农业生产效率。11月，承接国家级小麦制种大县项目"小麦新品种展示评价"，在合作社展示60余个小麦新品种。

2022年，为完善优化农业科研试验基地+农业技术区域示范基地+基层农技推广中心（站）+新型农业经营主体，即"两地一站一体"的链条式技术推广服务模式，承担山东省实施农业重大技术协同推广计划，德州市"吨半粮"生产能力建设技术集成——夏玉米农机农艺融合高产高效生产技术模式试验示范，通过核心示范区的建设和项目的集成与示范，辐射带动陵城区玉米生产100万亩。同年，建立繁种基地7 000亩，品种以山农43、齐民17为主。以供种、回收、加工、出售为一体，为当地老百姓开展全程产业服务与指导。同年，为响应上级号召，尝试大豆玉米带状复合种植2 700亩，但在除草植保作业上却遇到了困难，王文昌亲自动手研发、改装植保机具，保证了除草安全，解决了大豆玉米带状复合种植"植保难题"，该项技术在全区6万亩大豆玉米带状复合种植推广并广泛应用，每亩节约成本5元左右。

王文昌对陵城区高素质农民培育和乡村振兴工作做出了积极贡献，其典型做法受到了人民日报、央视新闻联播、山东新闻联播等媒体的宣传报道。农业农村部、中央农业广播电视学校、山东省农业农村厅等单位的领导前来视察，都给予了充分肯定。

做好粮食商行　助力乡村振兴

——记武城县高素质农民耿兆江

耿兆江，男，汉族，1980年5月出生，大专学历，现任武城县众祥农业发展有限公司总经理。公司拥有烘干设备31台（套），自动化辅助设备3组，钢板仓6个，精选设备7套，其他辅助设备9台；拥有大型拖拉机、联合收获机、植保无人机等各类农业机械40余台（套）；烘干日加工量2 000余吨、仓储能力9 000多吨；统防统治日服务能力5 000亩，农机日作业能力3 000亩。

一、做优粮食种植基地，带动农民增产增收

2018年，耿兆江带领公司通过公司联合体创新土地流转形式，建立公司粮食标准化种植示范基地。通过选育推广优良品种，推行粮食种植新技术，完善粮食生产资料标准化管理等措施，提高种植效益，增加农民收益。2019年，公司联合体以标准化种植示范基地为中心，向李家户镇12个村发展了1.2万余亩的订单型小麦种植基地，扶持刘王庄村建立了武城县丰乐土地股份专业合作社，扶持梁庄村建立了武城县民旺土地股份专业合作社。公司联合体按基地生产的实际情况，记录基地生产过程所进行的病虫草害防治、投入品使用等信息，建设产品质量追踪体系，确保食品安全，在保证粮食品质的同时也助推了农业产业化的发展，带动了农民增收致富。

二、探索"粮食商行"模式，延伸农业全产业链链条

2019年，耿兆江带领公司和新型经营主体组建粮食产业链联合体，打造"粮食商行"项目。"粮食商行"实行"免费存储、存取自由、粮权不变、落价保底、存粮有息"的经营原则，为农户提供全流程服务和融资支

持。农户凭"粮食存折"可到指定银行网点支取现金，也可以到指定服务网点兑换农资或米面粮油，实现了"公司+农户"的双赢局面。农户加入"粮食商行"后，1亩地粮食存储多分红收益约138.1元，综合减少投入约295元，农户综合收益433.1元/亩。2023年7月，"粮食商行"在全县已建立22个服务网点，发展农民成员3 268户，服务耕地面积达到17万亩，仓储能力18 000吨，帮助当地农户增收2 100余万元。

三、解决农业生产痛点，助推现代农业健康发展

2020年开始，耿兆江带领粮食产业链联合体积极向全程社会化服务延伸，围绕广大农户，开展农业生产社会化托管服务。通过公司管理，实行统一供种、统一供药、统一供肥、统一培训、统一管理、统一收购的"六统一"管理。从播种育苗、配方施肥、大田移栽、田间管理、收拔烘干、病虫草害综合防治等方面全程监管。公司综合发展不仅解决了农民种粮难、卖粮难、晾晒难等诸多痛点问题，而且还增加了农民的收入。公司整合下游的粮食深加工企业，使公司种植户可以按照粮食深加工企业的需求和要求生产相对应的粮食，不仅销路有了保障，而且比之前随机种植获得更高的收益。

在推动当地农业农村经济发展和带动农民增收致富的过程中，耿兆江发挥了显著的模范引领作用，得到了组织和群众的一致认可。2015年8月，获得"全国农村实用人才带头人"称号；2016年12月，获得"德州乡村之星"称号；2017年12月，获得"全国农业劳动模范"称号；2018年4月，获得"武城县劳动模范"称号；2019年5月，获得"山东省乡村好青年"称号；2019年12月，获得德州市"十佳新型职业农民"称号；2022年12月，获得"齐鲁乡村之星"称号。公司也先后被评为"省级新六产示范主体"和山东省"农业产业化省级重点龙头企业"。

下一步，耿兆江将带领公司因地制宜打造粮食上下游全产业链，借助保险、期货、金融的融入，形成有效健康的农业产业链联合体，解决产业链发展过程中的闭环短板环节，助力现代农业快速发展，打造现代农业改革新的亮点模式！

小小的香椿创造大大的产业

——记宁津县高素质农民刘敏

刘敏，中共党员，现任宁津县香椿哥种植专业合作社理事长、德州椿龙农业发展有限公司董事长、宁津县政协委员、宁津县青年联合会副秘书长。先后被授予"德州市乡村好青年""德州市乡村之星""德州市十大返乡创业之星""齐鲁乡村之星"等荣誉称号。

2016年成立宁津县香椿哥种植专业合作社，2017年成立德州椿龙农业发展有限公司。按照自愿的原则，把从事香椿产业的种植大户、加工企业和闲散农户组织起来，助力乡村振兴。在劳动、技术、资金、信息、购销、加工、储运等环节，采取专业的人做专业的事，带动村民扩大香椿种植规模，由原来的300亩扩大到600亩。同时在合理合法的基础上，发挥特色产业优势，因地制宜，将村内农村危房、闲置老房改造为香椿加工车间，创办了香椿文化工作室、乡村文博馆，在村外发展庭院经济、特色经

济、边角经济以及田园综合体，例如采摘游、亲子游、研学基地等项目。这样不但清除了农村多年来老旧危房的残垣断壁，而且美化了环境，展现了以香椿为特色的田园风光，还能让村民在自己村里就能上班就业，预计安排就业100余人，使香椿种植户在香椿芽的基础上，每亩额外增收5 000元，实现经济价值560万元。

知识改变命运，机会创造未来。刘敏无论多忙都拿出时间给自己充电，2017年参加山东省现代青年农场主第一期培训、2018年参加新型农业经营主体带头人培训、2019年参加山东省新型农民创业培训、2019年参加青岛农业大学举办的2019年省派第一书记帮包村"两委"成员和创业致富带头人培训、2023年参加山东省乡村产业振兴带头人培育"头雁"项目培训，均被评为优秀学员。刘敏还先后获得2020年宁津县乡村振兴创新创业大赛二等奖、2020年德州市乡村振兴创业大赛三等奖、2021年山东省"农担杯"创业大赛三等奖、2021年全国互联网营销师职业技能大赛德州市分赛亚军；2022年第六届山东省"农行杯"农村创业创新项目创意大赛三等奖，2020年受邀参加CCTV 17（农业农村频道）《美丽乡村我代言》栏目。

经过不断发展，2021年11月12日，德州椿龙农业发展有限公司入选《全国农村创业园区（基地）目录（2021）》。2022年12月，宁津县香椿哥种植专业合作社被评为山东省"农民专业合作社省级示范社"。公司先后成功注册了"雁赐椿龙""椿香秋月""香椿树下""香椿哥""椿龙园"等商标，成功认证了"雁赐椿龙""香椿树下"的文字及图形的著作版权，同时还申请了"香椿茶""香椿酱""香椿香""香椿月饼""香椿年糕"的国家发明专利。自主品牌"雁赐椿龙"，政府背书"山东手造""德州味""津尽悠味"区域公用品牌授权企业。产品香椿酱、香椿茶、香椿香、香椿面、香椿月饼、香椿年糕等系列产品被授予"第三届德州市旅游发展大会指定展品"，被评为"宁津县十佳旅游产品"，成功申请"宁津县雁赐椿龙香椿制作技艺非遗产品"。

刘敏坚信，把香椿产业做大做强，带领村民增收致富，推动乡村振兴，打造齐鲁样板是自己不懈的追求。

综合服务篇　乡村振兴 人才赋能

做新时代农产品加工的先行者

——记德城区高素质农民郑金鲁

郑金鲁，男，53岁，现担任德州市豪丰工贸有限公司总经理，天瑞小磨香油第三代传承人。

在爷爷及父亲的影响下，郑金鲁自幼就对古法小磨香油制作工艺产生了浓厚的兴趣，1996年在德州市开设香油专卖店，并于2006年成立了德州市豪丰工贸有限公司，注册了"天瑞"香油商标。德州市豪丰工贸有限公司现有员工100多人，占地20亩，主要从事农产品加工，拥有现代化香油生产线2条，年生产能力可达1 000余吨，仓储能力可达500吨，拥有200家合作商超及8 000余个分销网点。

郑金鲁在对传统水代法小磨香油制作工艺的不断探索和实践中，吸收古法精华，结合现代先进技术，试验成功电动模式下的驴拉磨效果，在确保古法小磨香油醇香口味的前提下实现了量产化，把古法小磨香油制作工艺推向一个新的高度。天瑞古法小磨香油采用传统水代法提油方式，与现代科技相结合，继承传统又优于传统，它采用精选芝麻，净洗除杂，温控焙炒，石磨精研，水代精制，低温冷滤等传统工艺

德州市高素质农民先锋人物风采录 / 179

制作，并不断学习改进降低石磨电机转速，有效降低石磨温度，在不破坏香油中的芳香味物质及功能性营养成分的前提下，磨出的油坯细腻、浓郁，并且营养价值更高。

零售网点最怕的问题就是在产品保质期限内没有售卖完，如发生这种情况，公司无条件退换货品，为客户解决一切后顾之忧，在保证产品质量的同时，高效快捷服务上门。随着信息时代发展越来越快，郑金鲁开设抖音店铺，做起了网络直播，让这款属于德州市特色的农产品走出去，被更多的人了解熟知。公司在研发生产和扩大销售的同时，也积极开展助农惠农扶贫活动，与周边农民签订芝麻包产包销协议，帮助农民增收致富，受惠农民达3 000余户，包销芝麻种植达5万余亩。公司在企业用工上，优先为周边妇女提供工作岗位，灵活的工作时间让她们可以在照顾老人、小孩的同时，也可以赚取一份工资补贴家用，让更多妇女实现自己的价值。

在郑金鲁的带领下，公司2021年被评为德州市"农业产业化市级重点龙头企业"、"德州味十佳企业品牌"，还被授权使用德城区农产品区域公用品牌"尚德诚品"，2022年荣获"德州老字号"荣誉称号，郑金鲁被评为第九届"齐鲁乡村之星"。

郑金鲁说："民以食为天，食以安为先，保障食品安全是我们生产经营者的首要责任。"他秉承着诚实守信、勇于创新的经营理念，在为更多人带去美味的同时，也将让广大百姓吃得安全，吃得健康，吃得营养作为公司发展的目标。他表示，在未来将传播更多的正能量，为乡村振兴开创更好的明天尽自己的一份力量。

从地道农民到椹果加工领跑者

——记夏津县高素质农民刘传峰

刘传峰，男，汉族，中共党员，1973年1月出生，现任夏津县传峰椹果种植专业合作社理事长，曾荣获"齐鲁乡村之星"、"山东省科技特派员"、德州市"十佳新型职业农民"等荣誉称号。

一、创业历程

刘传峰是一个地地道道的农民，生在农村、长在农村，但他不甘心做一辈子农民，于是和很多的年轻人一样踏上了外出打工的征程，想通过打工跳出农门，彻底改变他"农民"这一身份。由于没有专业

技术，打工几年也没有挣到多少钱。随着时间的不断推移，他已从当年的打工仔步入中年，人生理想也在发生着新的变化，他不想再过年复一年的外出打工生活，想在家乡自主创业，开辟一片属于自己的新天地。

正在他一头雾水、不知干什么好的时候，他听说了县里举办新型农民创业培训的消息，于是他抱着试试看的想法报了名。通过新型农民创业培训和外出观摩学习，他更新了理念，开阔了视野，打开了思路。通过系统学习，他认识到一个产业的成长不是一两个人能够完成的，必须要有一个规

范的合作组织来引领，在品种、技术、市场等方面才能有保障，要有广大农户参与才能形成规模，否则很难持续健康发展。致富的"金钥匙"找到了，2013年8月，他申请成立了夏津县传峰椹果种植专业合作社，并任合作社理事长。合作社结合家乡（夏津县黄河故道森林公园）6 000余亩古桑树群资源，专门从事椹果收购、加工及桑产品开发产业。

二、规范发展

由于椹果保鲜期短难以储存，采摘下来隔夜就会变质，每年在成熟季节都会有大量椹果无法及时售出，只能眼巴巴地看着白白烂掉。能不能将椹果深加工呢？说干就干，他在家中腾出一间房子，先购置了一套先进的烘干设备进行试生产。原本不易储藏的鲜椹果经过烘干加工后，不但保持了椹果特有的风味和营养成分，还大大延长了保质期，而且价格也比鲜椹果高好几倍。这更坚定了他做椹果深加工的信心和决心。

如今，刘传峰的椹果深加工设备已更新到第三代，收购来的椹果从鲜品到成品只需10个小时。依托先进的烘干设备，他仅用15天便可加工十几吨椹果干，除销往当地礼品店、食品店外，还向浙江省、四川省等地发货。最让刘传峰欣喜的是，自家的产品还引起了国外专家的关注。2015年，来自美国和日本的两位专家登门造访，他们是联合国粮食及农业组织全球重要农业文化遗产组的专家，前来考察夏津黄河故道古桑树群申遗项目，并了解围绕古桑树群相关产业发展情况（2018年1月，经联合国粮食及农业组织专家组评审通过，夏津黄河故道古桑树群正式步入全球重要农业文化遗产行列）。目前他的合作社业务范围已发展到鲜椹果、椹果干、椹叶茶、椹果粉、椹叶粉、椹果酒、椹果汁、椹果醋、椹果蜜膏、椹叶面条、椹枝食用菌等十几个产品，安置就业人数40余人，年加工生产优质椹果成品20余吨，产品远销到上海市、浙江省、四川省、河南省等地，实现年经济收益120万元。

三、取得成绩

经过几年的发展，合作社社员由创建时的20余人增加到现在的106人，合作社以前屯村为核心区，先后带动发展了十几个村的椹果标准化种植基地，面积达到10 000亩，示范带动农户3 000多农户。2018年10月，合作社被评为"农民专业合作社省级示范社";2018年11月,合作社成功注册"郪椹"商标;2019年9月,合作社被授予"山东省农民乡村振兴示范站";2020年12月,刘传峰被评为德州市"十佳新型职业农民";2021年2月,合作社被认定为"德州老字号";2021年5月,合作社生产的"椹果干"获得绿色食品证书;2021年7月,合作社被批准为"德州市种养殖农业协会监事单位";2022年12月,刘传峰被选拔为"齐鲁乡村之星"。

四、展望未来

对于美好未来,刘传峰无比坚定、豪情满怀。他坚信,在党的强农惠农政策指引下,借助全球重要农业文化遗产品牌,一定能将椹果产业做大做强,在带领父老乡亲共圆创业致富梦的康庄大道上越走越宽广!

返乡青年领航"新农业"

——记陵城区高素质农民杨海亮

杨海亮，男，汉族，中共党员，1984年11月出生，德州市陵城区滋镇杨洪村人，现任德州市陵城区睿雅现代农业发展有限公司董事长。2020年，荣获德州首届退役军人创业创新大赛一等奖；近年来，先后被评为"德州市优秀青年""德州市乡村之星""山东省乡村好青年"及山东省"农民工之星"。

一、联袂引领共富裕

2005年，因父亲重病，杨海亮放弃军营梦想，退伍返乡从事养殖业。经过5年养殖岗位的实操锻炼与技术学习，他找到了胚胎蛋创业的人生目标。2010年，通过众筹方式，杨海亮创建了第一个养殖场，并以"公司+养殖户"的合作模式，免费为入驻养殖户提供养殖场地、养殖技术和产品销路，在保证稳赚不赔的前提下，带领乡亲们共同富裕。

随着养殖规模的逐渐扩大，杨海亮确定了品牌发展道路，注册成立了德州市陵城区睿雅现代农业发展有限公司。公司完善"公司+养殖户"的合作模式，实行"五统一"管理方法，先后安置当地百余名农民就业。杨海亮还利用公司平台，聚焦乡村修路、兴教、扶贫、救灾等公益慈善事业，持续投入170余万元公益善款，助力地方政府巩固脱贫攻坚战成绩。

二、养殖产业强科技

2017年，养殖行业先遭遇"禽流感"袭击，又遇到国家政策倒逼产业升级的"环保严查"，杨海亮凭借精细化养殖标准逆流而上，投巨资更新升级胚胎蛋产品，由禽畜类疫苗载体转向人类疫苗载体的胚胎蛋生产。

公司生产的睿雅品牌"无菌蛋"系列产品，填补了行业空白，被全国乃至世界各地的生物制品厂青睐，成为甲肝、乙肝、狂犬病、新冠等疫苗的"育种室"。作为行业内的拳头产品，睿雅胚胎蛋在全国行业内的占有率高达47%，源源不断地输入到北京、上海等生物高科技企业，为中国乃至世界的疫苗研发起到了不可替代的科技支撑作用。

三、深耕细作增赋能

2018年9月，在当地政府的支持和帮助下，他以优势产业"胚胎蛋"为依托，投资9 000万元，创建了占地面积20万平方米，集饲料加工、良种繁育、无抗养殖、沼气制造、土地回养为一体的标准生态闭合循环式养殖基地"德州市陵城区睿雅现代农业发展有限公司蛋鸡生态养殖项目"。

睿雅现代农业养殖基地的运营，成功辐射带动周边6个乡镇，覆盖1097户，彻底颠覆了小散乱的传统养殖，推进了地方养殖企业由传统养殖向科技养殖的转型。基地不但解决了130余名劳动力就业，每天还有高达25吨的玉米消耗，为当地农业第一产带来了福音。他还流转土地300余亩，以鸡粪污水为原料，生产有机肥，初步形成了绿色生态的良性循环产业链条。

2021年，为进一步推进种养结合模式，吸引上游高科技产业群体的投资入驻，杨海亮投资创建了睿雅小白鼠养殖基地，为创建生物疫苗公司创造了条件，也为地方农业一二三产业新业态、新模式的形成与融合发展，奠定了基础。

小鸡蛋、大学问，科技领先、造福人类！在今后的发展中，杨海亮将坚守"利农、惠农、兴农"的初心，不断强化"新六产"企业促进一二三产业融合的主题，持续拉长农民增收链，为农业经济新增长点贡献力量，为家乡乃至整个社会创造更大的福祉！

致富带头增收入　勇做农业急先锋

——记宁津县高素质农民鲍明晶

鲍明晶，男，1971年2月生，宁津县柴胡店镇鲍权村人，2022年4月创办宁津县农管家种植专业合作社，合作社占地面积约6 000平方米，经营范围主要包括农产品生产、销售、加工、运输、贮藏，农业机械租赁，农用物资销售，农业技术咨询、交流、推广等。他始终坚持走规模化、机械化、智慧化种粮之路，让农户们学会科学种田，多种粮，会种粮，让我们的饭碗主要装自己生产的粮食。

一、技术推广，农业发展添动力

结合宁津县实际，鲍明晶围绕农民增产、增收、产业结构调整和作物新品种引进、试验、示范、推广和新技术培训等，为农民提供产前、产中、产后"一条龙"技术服务。他率先在宁津县推广玉米单粒播种技术，该技术省工省种，能提高品种抗性，促进养分利用最大化，提高经济效益。他通过课件讲解、实地观摩等方式进村入户大力宣传，加强农户对单粒播种的深入了解。他积极推广小麦种肥同播和小麦追肥深施镇压技术，在保证基本苗和秸秆还田的前提下，改进优化施肥措施，获取优质、高产、高效的小麦产品。他积极推广水肥一体化滴灌技术，有效省水、省肥、省工，防止土壤板结，减少病虫害，优化作物生长环境，提高产品品质，促进增产增收。

二、智慧农业，加速转型向未来

鲍明晶应用"爱耕耘"数字农业系统，利用遥感卫星，将所拍摄的监测地块卫星图片反馈到数据中心，与数据中心的原始建模进行对比分析，做到播种前分析土壤成分，播种后分析作物长势，并把田间管理需要注意的事项反馈到手机系统，为农田管理提供参考依据。通过卫星数据和实地勘察相结合，可以准确地对农田和农作物进行把脉问诊、对症下药，利用信息化、智能化改变传统种植模式。"爱耕耘"数字化经营管理工具拥有先进的数字农业解决方案，完善的农业相关数据采集、处理、分析、决策系统，实现了面积测算、适宜区规
划、生产周期测算、作物长势、产量预估、病虫害防治指导、农业金融等全产业链数据支持和管理服务。

三、坚持合作，联农带农谋增收

通过"合作社+基地+农户"运行模式，重点投入、强抓服务，扩展与其他种植合作社、家庭农场联盟操作。充分利用现有玉米联合收割机20余台、旋耕拖拉机20余台、小麦播种机40余台、小麦镇压机10余台、玉米播种机40余台、无人飞防机5架开展联合作业。截至目前，种植50亩以上的大户加盟量260家。为解决种植大户的资金问题，合作社牵头与农村商业银行宁津分行合作担保，为种植大户解决资金困难，并且全部无息使用，利息由合作社承担。

四、土地托管，深化社会化服务

合作社采取"半托式"与"保姆式"土地托管。"半托式"服务4万多亩，水肥管理、病虫害防治及时到位，为小散户和有困难的种植大户解决了实际问题。"保姆式"服务2万余亩，从播种、施肥、飞防、收获全程介入，提供大厂家种子、肥料、农药平价结算，保证被托管方每亩有纯利润1 000元，超1 000元的部分五五分成为托管费，低于1 000元的不收托管费。合作社深化土地全托管，增强为农服务能力，助农增产增收，坚决扛起"为农、务农、助农"的服务大旗，为乡村振兴贡献力量。

一位80后"海归"的农业梦

——记平原县高素质农民栗超

栗超,男,1986年出生,中共党员,来自平原县王杲铺镇,大学本科毕业于山东农业大学,在德国埃森经济管理应用技术大学取得硕士学位,目前担任平原县王杲铺镇杲城果蔬种植农民专业合作社联合社理事长。2022年,他参加山东省乡村产业振兴带头人培育"头雁"项目培训班,作为返乡创业的高素质农民杰出代表,先后担任第十一、十二届平原县政协委员,第十九届德州市人大代表;先后荣获"平原县优秀共产党员""平原县劳动模范""德州青年五四奖章""齐鲁乡村之星"等荣誉称号。

"放着好好的事业单位工作不要,你图什么呢?"面对家人和亲戚朋友的质疑,栗超坦言:"创业之初自己肩上的压力是很大的,但同时也憋着一股劲,闯一闯,万一就搞出点名堂来呢!"他从市场调研到筹集资金,最后决定把自己在山东农业大学参加"头雁"项目培训班学到的管理理念和经营思路应用到农业发展当中,牵头成立了杲城果蔬种植农民专业合作社联合社,领着乡亲们抱团搞种植。身为理事长的他,认真履职、积极作为,发挥管理优势,牵头组织成立监事会、理事会等内设部门,顺畅管理运作。立足资源优势,主动对接国内大型农资生产企业,减少中间环节,降低种植成本,实现供需对接。仅在2022年夏季,便为群众直接降低种植成本60元/亩,并通过高于市场价0.2元/千克的价格将优

质麦订单销售给中粮面业（德州）有限公司，直接销售收入2.1亿元。其中，粮食销售收入3 000万元，服务群众3 000多户，每户增收2 150元，直接带动了群众增收致富，实现了群众得实惠，收入有保障，乡村能振兴的目标。

栗超深知人才在促进乡村振兴中的重要性，充分发挥"头雁"领飞渠道优势，邀请山东省农业科学院蔬菜研究所科研团队来考察调研蔬菜生产，并积极争取相关资金和政策，成功签订了合作协议，利用产业政策帮扶的有利契机，为合作社联合社申报国家农业产业强镇项目，直接提供补贴资金480万元，解决了农机设备和场地建设的部分投入。邀请山东农业大学教授提供技术指导，帮助合作社联合社提升小麦品种选育工作水平。在科研团队的不断指导下，合作社联合社创新"产学研"融合新模式，建设黄瓜高产试验大棚3处，培植黄瓜新品种保底亩产量2.25万千克以上。同时，为了促进新兴业态的发展，栗超把镇上的年轻人组织到一起，成立了合作社联合社电商部，提供优质就业岗位80个，吸引一批在外青年人才返乡发展，直接或间接培育电商实用人才100余人。依托拼多多、快手等平台，以直播带货的方式，对镇域内特色农产品进行线上销售。目前，已实现日均交易3万单，日均销售额60万元，实现收入1.8亿元，彻底解决了农产品流通不畅的难题，实现了电子商务与现代农业的完美契合，同时也让合作社联合社有了多元化发展的潜力。

为有效聚合农民教育培训资源，进一步提高高素质农民教育培训能力和水平，更好地助力乡村人才振兴，在平原县农业农村局的积极推荐下，合作社联合社入选德州市高素质农民培训农民田间学校。该农民田间学校充分发挥实训基地的设施、场地、产品等条件优势，积极探索创新"头雁引领、雁阵齐飞"人才发展新模式，与山东省小麦专家王法宏教授签订科技服务协议，定期开展小麦种植技术讲座。2023年组织高素质农民培训6期，培育高素质农民1 026人，每人辐射带动周边10千米内30个农户，促成提产量、兴产业、谋发展帮扶"对子"，农业产业效能不断增强，为镇域经济发展培养了一支有文化、懂技术、善经营、会管理的高素质农民队伍，使他们成为农村创新创业先行者、领头雁，为全镇农业农村现代化建设注入新鲜血液，激发了创新创业强劲动力。

专注生态农业 提升三链服务

——记陵城区高素质农民李清浩

李清浩，男，1977年1月出生，陵城区神头镇邓集村人，现任德州市陵城区利农养殖专业合作社理事长、德州浩大生态农业有限公司董事长。

德州市陵城区利农养殖专业合作社是一家集种鸡养殖、鸡苗销售及合同放养于一体的综合性养殖专业合作社。合作社成立初期，为保障社员的根本利益，发挥合作社的最大作用，促进养殖业健康有序发展，合作社实行了"四优""三保"全程服务。利农养殖合作社为确保更大的销售市场，先后与德州乡盛食品有限公司、山东德州扒鸡集团有限公司、河北康达畜禽养殖有限公司等大型肉鸡加工企业建立合作关系，签订常年供货合同。为保住合作社成员收益，合作社与社员签订养殖保值合同，无论市场行情如何，确保每位社员每年最低8万元收入，让社员吃上"定心丸"，激发了社员养殖积极性。合作社先后被评为"农民专业合作社省级示范社"和"农民专业合作社国家级示范社"。

综合服务篇 乡村振兴 人才赋能

平台"线上销售,分别在淘宝网、阿里巴巴、京东等平台上开设商铺,取得了良好的经济效益和社会效益。"沙杨河"和"五谷恋人"品牌的五谷杂粮包远销北京、天津市、广州市、重庆市、杭州市、南京市、太原市等20余个城市。基地与山东惠泽健康管理有限公司签订年产50万元代加工协议,与山东琪发商贸有限公司等20余家单位签订了供货协议。

在张奇勋的带领下,2015年,合作社被评为德城区"农业农村先进单位"。2017年,被评为"农民专业合作社市级示范社"。2018年,当选为山东省电子商务企业诚信联盟会员单位;同年,"沙杨河"五谷系列产品荣获"中国绿色健康食品"。他本人被评为"德城好人之星",被聘为德州市食品安全"1711"社会工程体系监督员,还当选为德州市第十八届人大代表。

打造合作社五谷杂粮产品品牌,做大做强农产品深加工这一产业,形成种、产、加、销一条龙的经营运行模式,切切实实地实现入社农户增收是张奇勋一直奋斗的目标。下一步,张奇勋将带领广大社员以产业振兴为突破口,抓产业带动,从产业单一性向产业体系化发展,加快产业结构调整,在促进一二三产业融合发展的道路上奋勇拼搏!

志在乡村 扬青春风采

——记临邑县高素质农民王乙刚

临邑县临盘街道王寨村有一名人人点赞的好青年,名叫王乙刚。他原本是一家企业的技术骨干,收入不菲、工作体面。然而,心系家乡的他却一直牵挂着家中的香油坊,并最终决定辞去城里的工作回乡创业。几年时间,他把一家名不见经传的家庭式小作坊发展成了德州市老字号、市级非遗工坊、市级消费者满意单位,把"老字号"生意经营得风生水起。同时,他致富不忘乡邻,逢年过节将香油和麻汁无偿送给周围村庄困难群众,并解决了10余人的就业问题,成为有口皆碑,名副其实的"好青年"。

一、返乡创业,敢作敢为撑起青春梦想

王乙刚出生在一个普通的农民家庭,父母都是勤劳的农民,家中经营着一家香油坊。从小就受父母的熏陶,王乙刚知道劳动的辛苦,也强烈地感受到,随着农村人进城的大潮,原来充满烟火气和生机的乡村变得逐渐冷清,空心村、留守老人、妇女和儿童也越来越多。于是,他下定决心,要用自己的力量,为乡村的发展做出贡献。2015年,王乙刚放弃了在大城市收入不菲的工作,选择回乡创业。他从香油制作入手,对传统的香油制作技术进行创新,将传统的老手艺嫁接上最新的生产技术。但是,他发现用电机带动石磨磨出的香油味道不如传统手工制作的香油纯正。经过不断地钻研,王乙刚发现降低石磨电机的转速可以保护香油中的芳香物质不受破坏,从而保持原生态香味。经过改良制作工艺,他运用新技术制作出的香油色泽纯正、香味浓郁、口感独特,迅速成为市场上的抢手货。

二、勤于钻研,锐意革新突破作坊局限

除了在制作技术上的突破,王乙刚还勇于创新营销理念。他走出小富即安的舒适区,突破"小作坊"式的家庭生产,与10余家规模较大的超市合作,现场制作香油,向消费者展示香油的制作过程,吸引了大量的消费者。为了确保现场制作的效果,王乙刚精心改进香油制作工艺,并结合现代消费趋势等理念,实现了传统手工制作与现代制作技术的完美融合,增强了消费者对产品的信任度和购买的意愿。同时,王乙刚还积极申请注册"王甲治香油"品牌,借助品牌的力量,发展"老手艺""老工坊"等特色,让老树开新花,并取得了巨大的成功,把年收入不足6万元的传统香油作坊发展成一家年销售收入近60万元的小型香油加工厂。

三、融入乡愁,保护传承弘扬非遗文化

具有本科学历的王乙刚对于保护乡村文化、繁荣乡村文化有着强烈的认同。他关注乡村文化的传承与发展,当他了解到非物质文化遗产资源保护工作后,便与志同道合的农村青年一起成立了非遗保护组织,专门挖掘古法香油制作技术,积极呼吁社会各界关注乡村文化的保护问题,为非遗传承人提供更多的支持与帮助。他把传统的石磨磨制香油生产线"搬"到村中,向群众展示传统手工艺,展现香油的制作过程,吸引了不少群众和游客前来观看香油的传统制作流程。同时,他运用多媒体技术将古法香油制作技术展现在游客面前。经过几年的坚持,他还承揽了本地小学的研学活动,义务向小学生讲解香油制作的全过程。2021年,"王甲治香油"制作工艺被列为"德州市非物质文化遗产",提高了产品的附加值和文化内涵,促进了乡村文化的

传承和发展。

四、扎根乡村，朴素情怀带活致富产业

王乙刚深知质量是生命之本。因芝麻生长环境要求非常高，对温度、光照、湿气等都有要求，王乙刚经过长期考察发现湖北省仙桃地区全年气候温和，雨量充沛，光照资源丰富，当地种植的芝麻颗粒饱满，而且颗粒完整度较高，大小都很均匀，外表油亮乌黑，并且有芝麻独有的浓醇清香。王乙刚多次与当地政府洽谈，最终在湖北省仙桃市通海口镇承包了1 000亩丘陵地，种植芝麻作为"王甲治香油"的原料原产地，这样，就从源头上保证了"王甲治香油"的绿色有机品质。在王乙刚的不断努力下，小产业做成了远近闻名的"大买卖"，由10余平方米的"家庭小作坊"，发展到了500余平方米的"香油加工坊"，从走街串巷，走进了超市商场。

乡村振兴需要的不仅仅是政策、资金和技术的支持，更需要像王乙刚这样有情怀、有担当、有思路的青年人，他们带着智慧和梦想返回家乡，通过自己不懈的努力，使得乡村焕发出了新的生机和活力，用实际行动为乡村的繁荣发展做出了贡献。

综合服务篇 乡村振兴 人才赋能

心系群众　共同发展

——记宁津县高素质农民高金成

高金成，男，汉族，1970年12月出生，初中学历，宁津县张大庄镇姚口村人，现任山东金成粮油有限公司总经理。公司从种植到粮食贸易、玉米芯加工、玉米粉加工，已形成农业初级产业链。高金成致富不忘乡亲，把实现共同富裕当作最重要的责任和义务，为当地农民致富、经济发展贡献着自己的力量。

高金成自幼受父辈影响，步入社会后便开始从事小麦、玉米的收购工作。2015年初，他又对玉米深加工产生了浓厚的兴趣，成立了山东金成粮油有限公司。刚开始，生产技术不成熟，生产出来的产品没有市场，产品卖不出去，投进去的资金不能及时收回来，资金周转不开。面对重重困难，他没有抱怨、退缩，反倒安慰起身边的人，在他身边的人都能感受到自强不息、积极向上的力量。产品质量不过关，他就常常自己一个人站在生产设备前研究生产技术及工艺改进。经过几年不懈努力，生产技术日趋成熟，生产设备不断更新。目前，公司已成为山东省玉米粉加工企业中的前驱,生产工艺、产品规格、质量把控、产品加工量等各项指标均居全国前列,进入国内具有相当规格的玉米粉生产基地行列。

致富不忘乡亲,他把实现共同富裕当作最重要的责任和义务。山东金成粮油有限公司发展农业产业化,带动基地规模扩大,实现企业与农户和种植合作社的双赢。公司所需原材料均采购于当地,以"企业+种植合作社+农户"的方式,通过签订收购合同,走产业化的农业订单之路。采用签订合同的方式与当地农民利益联结,带动县城及周边地区种植业的发展,增加了农民经济收入。几年来,公司先后与全县多家种植合作社签订常年购销合同,年购销4万吨玉米,带动了宁津县及周边县(市)近1.5万农户,实现了农业产业化经营,年增收达500万元。公司还通过生产、销售增加就业岗位100余个,通过安排就业,为当地农民致富创造了条件。这对繁荣经济、改善人民生活水平,都产生了积极的助推效应。

公司玉米深加工项目是德州市内唯一一家可以进行玉米全产业链加工的农产品加工企业。公司始终坚持"构建绿色、安全、可持续的农业供应链"为经营理念,2021年成功注册了品牌商标"高盈养"。公司积极参加各种食品博览会、展销会,对"高盈养"品牌进行宣传,把企业文化、经营理念传达给消费者。在努力宣传品牌的同时,为防止假冒产品侵害消费者的利益,公司还与各地监督部门联系,加强"3·15"维权活动,既维护了消费者的权益,又宣传了自己的品牌。公司2021年获德州市"农业产业化市级重点龙头企业"称号。

种粮养猪两不误　循环种养促增收

——记夏津县高素质农民陈福诚

陈福诚，男，1972年6月出生，高中学历，农民农艺师，现任夏津县东李镇春诚养殖农民专业合作社理事长、德州市人大代表、夏津县政协委员。

陈福诚生在农村、长在农村，一直对农业怀有深厚的感情。近年来，他按照"田地种粮—粮变饲料—饲料养殖—养殖产粪—粪肥还田—土壤改良—优质粮食"的循环种养模式，实现了种养有效衔接，给合作社带来了源源不断的经济效益。

一、生猪养殖方面

2014年，陈福诚在一次聊天中了解到养殖合同猪具有投资少、效益高的特点，于是和夏津新希望六和农牧有限公司签订了1 000头合同猪代养销售协议。万事开头难，作为一名普通农民，缺少对养猪方面的经验和技术，真正做起来，其遇到的困难可想而知。正是靠着一股钻劲、凭着一股韧劲、带着一颗热心，他克服了一个又一个困难，成功闯出了一条致富路，成为远近闻名的养猪达人。为了带领更多群众致富，2016年，在政府部门的支持下，陈福诚成立了夏津县东李镇春诚养殖农民专业合作社。合作社采取了"四个统一"的服务模式，一是统一饲料供应。将合作社自身种植的优质玉米全部加工成饲料，做到种养有效衔接，既保证了饲料质量，还大大降低了饲料成本，每吨比市场价便宜200元左右。二是统一防疫。定期统一进行猪瘟等疫病

的防疫，确保了防疫质量。三是统一技术。合作社每年统一组织社员技术培训，聘请有关专家进行技术指导，集中解决社员疑难问题，并积极推广人工授精先进技术，使猪场的养殖水平一直保持良好状态。四是统一代养销售。按照"公司+合作社+农户"的运营模式，合作社和夏津新希望六和农牧有限公司签订合同猪代养销售协议，由公司提供优质猪苗，成猪统一销售到公司，切实消除了社员的卖好价和猪款回笼的后顾之忧。

二、粮食种植方面

随着生猪养殖规模的不断扩大，饲料投入和生猪粪便处理成了合作社两大主要经营支出。陈福诚又突发奇想，何不发展循环种养模式呢？将生猪养殖过程中产生的粪便作为种植业的肥料来源，而种植业则为养殖业提供饲料。2017年，陈福诚流转土地300亩，开始发展粮食规模种植产业。他聘请省（市）科技人员作为技术指导，制定先进的生产规程并组织实施。在小麦种植上应用深耕深翻、宽幅精播技术，在玉米种植上应用深松、多层施肥技术。邀请县土肥专家制定了测土配方施肥方案，用腐熟畜粪作底肥，整个生产过程适量施用优质复合肥料，大幅度减少了化学肥料的用量。采用杀虫灯、诱虫板等绿色防控技术防治病虫害，减少了农药的用量，做到种地和养地结合，农业生产与环境保护相结合，提高了作物的质量和产量。通过种植实践，他发现适当延期收获玉米可以提高产量。在不耽误下茬小麦适期播种的情况下，做到尽量晚收，他种植的玉米收割期在国庆节前后，比周边农户收割期晚5天左右，产量可增加25千克/亩以上。陈福诚的"良种良法试验田"经常会吸引周边种植户到这里参观、学习，他都会毫无保留地将自己的经验和做法无偿分享给大家。

通过几年的不懈努力，陈福诚的合作社发展势头更是越来越好，并且成为夏津县农民专业合作社的排头兵。2020年，合作社被评为"农民专业合作社省级示范社"。目前，合作社总占地340亩（其中无公害生猪养殖场40亩，高标准粮食种植基地300亩），年出栏无公害生猪1.5万头，年产出优质玉米21万千克、优质小麦15万千克，社内成员年人均收入达到3万元，比当地同业非社员收入增收50%以上，并带动了周边1 000多户增产增收。

一颗"豆"的改变

——记宁津县高素质农民银永亮

银永亮，1978年生，师从豆丹养殖技术奠基人夏振强，学习豆丹制种和规模化养殖技术，2021年成立宁津县顺程家庭农场，主要从事豆丹—大豆—玉米综合种养，效益显著。2022年响应国家乡村振兴战略号召，农场面积扩大到150多亩，带动周边农户养殖面积近300亩。

一、立足农村，探寻增收渠道

银永亮是宁津县杜集镇银相公村的一位普通农民，他祖祖辈辈都在家务农，特别是近些年，针对村里大多数青壮年外出打工的现象，他产生了一个简单的想法，那就是不让家门口的田地荒废，要让土地发挥更大价值，要在农业种植发展道路上闯出一番天地。银永亮从央视《致富经》栏目和山东广播电视台《乡村季风》栏目看到了豆丹的报道，经过调查决定养殖豆丹时，很多人劝他要谨慎，因为德州市没有吃豆丹的习惯，大家都认为豆丹是大豆的害虫，附近更没有人养殖豆丹。银永亮认为，豆丹产业是一个有较长历史的产业，应该是可靠的，并且有较大的利润和发展空间。银永亮专门跟随夏振强老师，系统学习了豆丹养殖技术后，2021年即扩大养殖规模至50亩，每亩净收益约6 000元。

二、顺势而为，助力乡村振兴

2022年，银永亮了解到国家在推广大豆玉米带状复合种植模式，银永亮想，如果能够将豆丹养殖与大豆玉米带状复合种植相结合，则能够进一步提高大豆种植的收益，进而扩大大豆种植面积，提高大豆产量，为国家分忧解难。银永亮拿出70亩地开始试验，一季结束，除去玉米外，大豆亩产150千克，增收960元，豆丹亩产90千克，增收6 300元，亩均增收约7 000元，经济效益非常可观。银永亮不但就近聘用了家庭困难人员，还为周围

的乡亲提供技术服务，带动他们共同致富。

三、善于学习，提高经营水平

农业经营管理是一项系统的、综合性的工程，不仅要熟悉作物、土壤、水系、气象等农业知识，还需要掌握一定的管理能力，包括营销、财务、电子商务等多方面的知识和能力。银永亮积极参加农业部门组织的各类学习和培训，在培训的过程中既学到了农业经营管理知识，也开阔了视野，共享了资源，积累了经验，树立了现代农业发展新理念。渐渐地，他成长为一个有文化、懂技术、善经营、会管理的高素质农民。

下一步，银永亮打算和村党支部联合成立合作社，吸收村民入股，打造"村集体+合作社+农户"的养殖模式，进一步扩大豆丹养殖和大豆玉米带状复合种植面积，为乡村振兴贡献更大的力量。

依托发明创造　　发展现代农业

——记平原县高素质农民霍学中

霍学中，男，高中文化，农民农艺师，平原县王庙镇郭庄村人，现任平原县众意家庭农场场长、平原县烘干设备厂厂长。2019年，霍学中被评为德州市"十佳新型职业农民"。2020年，平原县众意家庭农场被评为"家庭农场省级示范场"。

一、发明创造，助推现代农业

霍学中通过参加新型职业农民培训，改变了思路、创新了思维，于2015年4月成立了平原县众意家庭农场。在粮食价格持续低迷的情况下，他大胆创新，专心研究野菜、蔬菜的烘干技术。2017年2月，他研发的多功能智能果蔬烘干机获得国家实用新型专利。这种烘干机属于低温烘干设备，高效、低碳、节能、环保，体积小、不受场地约束，故障少、使用寿命长。还可根据客户要求制作成小、中、大型整体低温烘干设备，满足不同用户的需求。为加速科技成果转化，他于2017年10月成立了平原县烘干设备厂，仅2018年就出售烘干机135台，产生了较高的社会效益。通过对果蔬烘干技术的不断探索，2019年8月，他又获得了多功能智能果蔬烘干机及加工方法的国家发明专利，进一步提高了果蔬烘干加工的质量和档次。仅2019年就烘干蔬菜、野菜400余吨，解决了40余家规模种植蔬菜的家庭农场滞销难题。

二、注册商标，打造农产品品牌

霍学中在平原县众意家庭农场经营的土地上种植了马齿苋、蒲公英和苦菜等，并办理了食品经营许可证，还成功注册"民笑"商标，这为他加工的野菜拓宽市场销路打下了良好的基础。通过推广自己发明的多功能智能果蔬烘干机，烘干中草药、水果、蔬菜、菊花等，现已带动德州市、泰安市、聊城市等地的多个家庭农场显著提高经济效益。2019年，平原县众意家庭农场被评为"山东省职业农民乡村振兴示范站"。

三、参加展会，提升产品身价

为提高产品影响力，拓宽销路，他多次参加各种博览会。2018年10月，他参加了首届中国乡村产业博览会，产品得到农业农村部领导的好评，带去的农产品被评为特色优质农产品。2019年4月，他参加了第十届中国国际现代农业博览会，产品得到德州市领导的认可和好评。2019年10月，他参加了第二届中国乡村产业博览会，产品再次得到农业农村部领导的好评，并再次被评为特色优质农产品。

四、依托媒体，扩大产品知名度

霍学中的成功做法得到了各级媒体的认可和报道。2018年，德州市广播电视台《金色乡村》栏目，分别以"蔬菜'瘦身'价格不菲""中秋好礼：野菜，保留精华创新品种""乡村新看点：次果"翻身"卖高价"为题目对霍学中进行了报道；平原县广播电视台《农科天地》栏目以"霍学中：大田里的'新科技'"进行了专题报道；搜狐网以"不简单，这个平原农民获国家发明专利"为题目进行了报道；德州新闻网以"霍学中："爱折腾"的新型农场主"为题目进行了报道。2019年，平原电视台《农科天地》栏目以"展望2019信心百倍继续前行"为题目对霍学中进行了专题报道；山东广播电视台农科频道《总站长时间》栏目以"中国农业创富大会创富有约：新品种好项目"为题对霍学中进行了报道。

展望未来，信心满满。霍学中计划带动100家家庭农场或合作社发展蔬菜产业，全力推进农业"新六产"发展，加快农业转型升级，推动新旧功能转换，激发农村活力，努力达到促进农民增收的目标。

综合服务篇 | 乡村振兴 人才赋能

敢闯敢试开新局　携手同奔富裕路

——记禹城市高素质农民王建波

在禹城市张庄镇流传着这样一个故事，昔日的打工仔回乡创业，仅用9年时间，便将"夏天水汪汪、冬季白茫茫"的盐碱涝洼之地变成了"百姓脱贫致富、群众增收创业"的聚宝盆。他就是山东德邦食品有限公司的董事长王建波。

王建波毕业以后，经亲戚介绍，来到济南一家肉食加工厂打工。他既不怕脏，又不怕累，遇到不懂的问题，还积极向有经验的工友请教。伴随着业务量的不断增加，小日子逐渐红火起来，他购置了楼房和汽车，一跃成为村里的"小富豪"。2010年，他回家过春节，家乡的现状深深触动了他，他决心回乡创业，带领大家一起致富。经过几天的考察，他发现昔日的盐碱涝洼地由于无人耕种，一直处于荒废状态。在张庄镇党、委政府的帮助下，他很快将这块土地承包下来，2011年3月，成立了山东德邦食品有限公司，注册资金500万元。

他通过采用"公司+合作社+基地+农户"的方式，以招商农户加盟为主，吸收周边养殖户参与共同发展，免费为养殖户提供羊舍使用和技术指导，并使养殖户与山东德邦食品有限公司签订毛羊收购合同，为父老乡亲提供保护价，保证农户有钱可赚。公司规模不断扩大，目前，公司已发展成为活羊养殖、屠宰、法式分割、销售一条龙的企业。年屠宰活羊40余万只，形成25种系列产品，拥有6万平方米标准化羊舍、2座饲料储备库，存栏量达6万只、年出栏12万只，销售额由之前的900万元发展到现在的超亿元。伴随着公司规模的扩大，现吸收周边400余名劳动力在此就业，年人均收入达到5万余元。同时，建立万亩青储饲料基地，把张庄镇带动成了周边小有名气的养羊小镇，带动百余户村民发了"羊财"，走上了致富路。公司2017年被评为德州市"农业产业化市级重点龙头企业"，2019年荣获山东省"省级扶贫龙头企业"，2020年被评为"禹城市放心农场"，养殖场还被评为"国家级肉羊养殖标准化示范场"。

"致富不忘家乡人"，面对扶贫帮扶的重任，王建波深感压力重大。他采用多种模式积极参与扶贫工作，5年来累计收益分红478.6万余元，帮扶全市贫困人口5 388人次，扶贫帮扶人员全部脱贫致富。一是托管代养模式。推广"合作社+贫困户"模式，采取托管代养的方式委托合作社养殖，合作社自负盈亏，贫困户直接参与收益分红，累计帮扶636户，1 223人，分红154.8万余元。二是羊舍租赁模式。公司建立领翔牧业基地，投入扶贫资金1 655.2万元，建设标准化羊棚32座，项目采取租赁方式，由领翔牧业租赁进行"杜湖"杂交肉羊育肥，年支付租赁费119.97万元，用于全市1 645名贫困户分红。三是扶贫贷款模式。公司申请"富民生产贷"750万元，带动帮扶150人次，分红51万余元。

2020年初，突如其来的新冠疫情打乱了公司的发展计划，他积极响应镇政府发出的抗击新冠疫情募捐倡议，捐赠了70套军大衣、10吨生石灰粉和1吨消毒粉等，共计5万元的防疫物资。他还积极响应复工复产的号召，在做好防护的前提下，克服劳动力短缺、农民工工资高的困难，在全镇率先实现了生产，为保障农副产品的供应尽自己的绵薄之力。多年来，王建波除积极参与扶贫救灾产业外，还热情参与贫困学生助学金的行动，用爱心帮助孩子们改变命运，累计助学捐款10余万元。

作为一名地地道道的农家汉子，这些年他最大的收获不是公司的发展，最重要的是得到了家乡百姓的认可。特别是面对众多的贫困户，在公司的帮助下切切实实地脱贫致富，王建波感慨万分。下一步他将把公司做大做强作为今后不断奋斗的动力，在公益慈善的道路上，最大限度尽到社会责任，为乡村振兴贡献自己的一份力量。

农业鲁班　粮王达人

——记陵城区高素质农民王建成

王建成，男，1966年9月出生，农民农艺师，陵城区于集乡宗庵村人，现任德州市陵城区建程种植专业合作社理事长。他被聘为陵城区特聘农技员，被评为陵城区"十佳新型职业农民"、"德州市乡村之星"，所经营的德州市陵城区建程种植专业合作社被评为"农民专业合作社省级示范社"。

一、节本增效，向土地要效益

合作社机械设备齐全，现拥有社员320余户，业务涉及全乡20余个村庄，自有流转土地200余亩，在满足自身运营的基础上，为周边农户提供托管服务，代管周边土地3 000余亩。合作社采取统一购销生产资料、统一开展农机化服务、统一实行植保防治、统一组织产品销售等方式，为社员节省成本增加收入，在保质保量的前提下，每亩节约成本30元左右，每亩增加收入10%以上。

近几年来，王建成充分发挥合作社机械化、规模化的优势，开展订单化种植。合作社常年和安徽荃银高科种业股份有限公司合作繁育小麦原种，2021年繁育3 000多亩，并以每千克高出市场价0.2元的价格出售小麦良种达150万千克，使合作社成员每亩增收100余元。合作社还与贵州开磷集团股份有限公司、秦皇岛五弦维爱科技开发有限公司、山东泉林嘉有肥料有限责任公司等肥业公司合作，由厂方直接将配好的肥料送到田间地头，减少了中间环节，降低了社员投资成本，每吨节省成本300多元。

二、引领示范，带动周边群众

王建成在自身发展的同时，专门聘请市（区）农业专家，还联合德州广播电视台《金色乡村》栏目成立"金色乡村联络站"，定期对周边农户进行培训，提高他们的科学种田意识。王建成还充分发挥特聘农技员的优势，设立土地盐碱化改良、小麦良种对比试验田等，通过科学试验改良土壤结构，试验新品种、新技术，试验成熟后进行推广，提高了农产品质量，增加了农产品产量。合作社通过"金色乡村联络站"、农技员推广App把成熟的技术传播给周边农户，带领两个基地和周边十几个村庄、400余户共同发展，户均增收2 000多元。

自从加入陵城区农业生产社会化服务主体名录库以来，德州市陵城区建程种植专业合作社积极实践探索农业社会化服务模式，推进机械化、规模化、集约化的绿色高效现代农业生产方式。2020年，合作社承接1 073亩的玉米耕种、飞防、收割服务，涉及村庄1个，农户63户，为农户每亩节省资金200余元，获得农户一致好评。

王建成积极推行机械化、规模化、集约化的绿色高效现代农业生产方式，有效调动了小农户的生产积极性，做到了农业生产"愿意托、专业干、规范做、效益增"，有效破解了"谁来种地""怎么种地""如何增收"的问题，将更多科技成果转化落地，促进了小农户与现代农业发展的有机衔接。

回乡创业 助力发展畜牧养殖

——记陵城区高素质农民李怀国

李怀国，男，回族，中共党员，1970年1月出生于陵城区于集乡盐店村，现任北京同乐祥餐饮有限公司董事长、北京聚朋红餐饮有限公司总经理、山东鲁润畜产品有限公司总经理、山东畅通农牧发展有限公司总经理。李怀国始终以一名共产党员的标准严格要求自己，以高度的责任感和强烈的事业心，在创业路上兢兢业业、恪尽职守，不断夯实产业基础，争当一名乡村产业振兴的领头雁，引领示范并带动更多的老百姓共同致富。

1989—1992年，李怀国在陵县食品公司任仓库保管员、肉品质检员。1992—1996年，他在北京从事餐饮服务行业，从基层服务员做起，一直做到经理的岗位。1996—2020年，历经20余年的打拼，李怀国在北京创立北京同乐祥、北京聚朋红两家清真食品餐饮有限公司。目前，在北京已有13家分店，公司先后安置家乡打工人员300余人，在缓解家乡就业压力的同

时，也为经济发展做出了应有的贡献。

通过资本积累，带动父老乡亲们一起致富，李怀国心中那颗回乡创业的种子开始发芽。2020年，李怀国回乡创业发展，他与德州市农业产业化龙头企业德州市陵城区白富恒养殖场合作，投资建设山东鲁润畜产品有限公司并担任总经理职务。公司主营牛羊标准化加工屠宰，年可屠宰加工肉牛1.1万头，羊16万只，活禽1 100万只。山东鲁润畜产品有限公司的成立，既拉伸了产业链条，带动了畜牧发展，又保障了畜产品的质量安全。

2020年6月，李怀国在于集乡张西楼村附近承包土地600亩用于青贮饲料的种植，承包的土地每年可使农户增收12万元。同年12月，成立山东畅通农牧发展有限公司，公司占地40 800平方米，有办公室5间、会议室1间、2 000平方米饲料加工车间1座、青贮池两座、联合收割机8台、运输车3辆。年收割当地农户青贮玉米6 000余亩，每亩可为农民增收200元，既对废物秸秆进行了加工利用，改善了土壤的质量，又解决了焚烧带来的环境污染问题，还促进了农民经济增收，实现了合作双赢的局面。

近几年，李怀国积极参加农业农村部门举办的各类培训，不但系统地学习了农业企业经营的方式方法、农产品网络营销基本知识与技巧、现代信息技术应用等课程，还进一步熟悉了国家的农业政策及相关的法律法规。2021年，在农业农村部门的帮助下，李怀国先后联合中国农业科学院饲料研究所、山东省农业科学院，在陵城区进行牲畜优质饲料的研发，并将研发成果运用到实际生产中，对提升畜禽生长及肉品品质的改善有显著效果。

20多年来，李怀国通过自己和团队的共同努力，为陵城区经济发展贡献了一份力量。他还积极为慈善事业作贡献，自创业之初他先后为多地敬老院、民族清真寺及下岗贫困人员资助百余次，出资20余万元，也为民族团结和社会稳定贡献了自己的一份力量。